商経学部生のための
読む中国語

大羽りん・趙青 著

白水社

―――― 音声ダウンロード ――――

  付属CDと同じ内容を、白水社ホームページ（http://www.hakusuisha.co.jp/download/）からダウンロードすることができます。（お問い合わせ先：text@hakusuisha.co.jp）

　　　　　装丁　折原カズヒロ
　　　　　イラスト　佐藤淳子

はじめに

　「言葉は時代とともに変わる」。これは皆さんも認識していることでしょう。現在、従来の商社だけでなく、銀行、百貨店、製造業、物流業、サービス業などさまざまな業種において、また1つの会社の中においては貿易部門だけでなく、人事、財務、法務、リスク管理などさまざまな職種において中国語を使うニーズが出てきています。このような分野の中国語を学ぶには、これまでのテキストでは対応しきれません。

　そこで本書では、産業構造、経済、経営や法律に関する内容、銀行業、不動産業、製造業、ネットショップなどの商業を含むさまざまな業種、および社内の物流、コンピューター、財務、広報、人事などさまざまな職種に関する内容を網羅しました。初級を終えた学生が無理なく読めるよう、本文は200～250字程度とし、できるかぎり平易な表現を用いるよう心がけています。各課の「ポイント」では本文に出てきた文法事項や表現を用例とともに挙げ、それらを確認するための「練習問題」も設けました。

　各課の本文には、商学部や経済学部、経営学部、法学部などの学生が卒業し就職したのちに、さまざまな業種や職種で活躍できるよう、現在の中国で必要不可欠な用語を盛り込んでいます。また中国語学科の学生は武器である中国語に加え、上述の分野の基礎的な知識を身につけることで、より付加価値の高い中国語力を備えることができるでしょう。

　最後に、学生の皆さんにお願いです。興味のある分野があったら、ぜひその単語を中国語でインターネット検索してみてください。きっと新しい世界が開けるでしょう。「中国語を学ぶ」という姿勢から「中国語で学ぶ」という姿勢に変わったとき、皆さんの中国語は皆さんの知識とともに飛躍的に向上することと期待しています。

著　者

目次

1	三大产业划分 …………… 6	1 前置詞"随着" 2 副詞"正在" 3 副詞"逐渐" 4 接続詞"即"	
2	银行服务指南 …………… 10	1 前置詞"根据" 2 接続詞"如果" 3 結果補語"好" 4 前置詞"为"	
3	房地产行业 …………… 14	1 "从A到B" 2 "不管是A还是B" 3 "在…（方面）" 4 "既A又B"	
4	公司简介 …………… 18	1 前置詞"于" 2 前置詞"自" 3 副詞"将" 4 助詞"地"	
5	电脑新产品 …………… 22	1 "与…相比" 2 接続詞"并且" 3 前置詞"关于" 4 "只有A，才B"	
6	董事会记录 …………… 26	1 接続詞"尽管" 2 "因为A，所以B" 3 前置詞"为了" 4 動詞"使"	
7	生产部门 …………… 30	1 "一旦A就B" 2 "把"構文 3 動詞"进行" 4 "只要A，就B"	
8	社交网站 …………… 34	1 "越来越…" 2 接続詞"从而" 3 前置詞"将" 4 "又A又B"	

9	物流行业 …………………… 38	1 接续词"由于" 2 形容词"所谓" 3 接续词"万一" 4 "对…来说"
10	介绍投资方式 ……………… 42	1 "由 A 来 B" 2 副词"其实" 3 "有的 A，有的 B" 4 "除了…之外"
11	经营管理课题 ……………… 46	1 "不仅仅" 2 "连 A 也 B" 3 "一方面 A，另一方面 B" 4 "虽然 A，但是 B"
12	环境／再生利用 …………… 50	1 接续词"甚至" 2 "不但 A，而且 B" 3 接续词"或者" 4 方向补语"起来"
13	签订劳动合同 ……………… 54	1 副词"必须" 2 助动词"应当" 3 前置词"按照" 4 前置词"就"
14	售后服务方针 ……………… 58	1 前置词"至于" 2 副词"几乎" 3 "先 A，然后 B" 4 副词"不妨"
15	会计和财务 ………………… 62	1 副词"恐怕" 2 "不是 A，而是 B" 3 "要 A，还要 B" 4 动词"针对"

1 三大产业划分
Sān dà chǎnyè huàfēn

> 産業構造は経済発展の1つの指標としてよく使われます。多くの国がまずは第一次産業から第二次産業、そして第三次産業へと発展を遂げていきます。先進国では第三次産業がGDPに占める割合は7割を超えますが、中国ではまだ5割前後ですから、まだまだ成長の余地があると言えます。

第一产业[1]是指[2]农业、林业[3]和渔业[4]等。随着❶
Dì yī chǎnyè shì zhǐ nóngyè、línyè hé yúyè děng. Suízhe

经济的发展,这部分的从业人口[5]正在❷逐渐❸减少。
jīngjì de fāzhǎn, zhè bùfen de cóngyè rénkǒu zhèngzài zhújiàn jiǎnshǎo.

第二产业[6]包括[7]矿产业[8]、制造业[9]和建设业[10]等,这
Dì èr chǎnyè bāokuò kuàngchǎnyè、zhìzàoyè hé jiànshèyè děng, zhè

部分的从业人口也在递减[11]。第三产业[12]即❹
bùfen de cóngyè rénkǒu yě zài dìjiǎn. Dì sān chǎnyè jí

服务业[13],主要有能源[14]供应[15]、运输[16]、通信和金融
fúwùyè, zhǔyào yǒu néngyuán gōngyìng、yùnshū、tōngxìn hé jīnróng

保险等行业[17]。在发达国家[18],有一半以上的劳动
bǎoxiǎn děng hángyè. Zài fādá guójiā, yǒu yíbàn yǐshàng de láodòng

人口从事[19]第三产业。
rénkǒu cóngshì dì sān chǎnyè.

当前， 中国 正在 推动[20] 经济 的 转型[21] 和 升级[22]。
Dāngqián, Zhōngguó zhèngzài tuīdòng jīngjì de zhuǎnxíng hé shēngjí.

目标 是 打造[23] 先进 的 制造业 和 服务业， 推动 互联网[24]
Mùbiāo shì dǎzào xiānjìn de zhìzàoyè hé fúwùyè, tuīdòng hùliánwǎng

快速 发展。
kuàisù fāzhǎn.

---

1) **第一产业**：第一次産業
2) **指**：〜を指す
3) **林业**：林業
4) **渔业**：漁業
5) **从业人口**：従事する人口
6) **第二产业**：第二次産業
7) **包括**：〜を含む
8) **矿产业**：鉱業
9) **制造业**：製造業
10) **建设业**：建設業
11) **递减**：徐々に減少する
12) **第三产业**：第三次産業
13) **服务业**：サービス業
14) **能源**：エネルギー
15) **供应**：供給する
16) **运输**：輸送する
17) **行业**：業界
18) **发达国家**：先進国
19) **从事**：従事する
20) **推动**：推し進める
21) **转型**：構造転換
22) **升级**：レベルアップ、高度化
23) **打造**：作り上げる、創造する
24) **互联网**：インターネット

、(顿号 dùnhào) ── 文中で並列されている単語やフレーズをつなぐ。

ポイント 1

1 前置詞 "随着"

「…するに伴って」、「…するとともに」という意味を表す。

随着气温的下降，人们开始穿厚衣服了。
Suízhe qìwēn de xiàjiàng, rénmen kāishǐ chuān hòu yīfu le.

随着工资的增长，很多人都会买汽车。
Suízhe gōngzī de zēngzhǎng, hěn duō rén dōu huì mǎi qìchē.

会：(将来の可能性または必然性を予測して) …するはずである、…であろう

2 副詞 "正在"

「まさに…している」、「ちょうど…しているところだ」と動作の進行、状態の持続を表す。

我们**正在**研究这个问题。
Wǒmen zhèngzài yánjiū zhège wèntí.

我拜访客户的时候，他**正在**打电话。
Wǒ bàifǎng kèhù de shíhou, tā zhèngzài dǎ diànhuà.

拜访：訪問する
客户：客先

3 副詞 "逐渐"

「徐々に…」、「少しずつ…」と、ゆっくり少しずつ変化することを表す。

过了六点，天就**逐渐**暗了。
Guòle liù diǎn, tiān jiù zhújiàn àn le.

我们要**逐渐**提高会话能力。
Wǒmen yào zhújiàn tígāo huìhuà nénglì.

提高：高まる、高める

4 接続詞 "即"

「すなわち…」、「つまり…」と、言い換えや説明を表す。

四季**即**春、夏、秋、冬。
Sìjì jí chūn, xià, qiū, dōng.

新学期的第一天**即** 4 月 2 号，举办入学仪式。
Xīn xuéqī de dì yī tiān jí sìyuè èr hào, jǔbàn rùxué yíshì.

举办：開催する
仪式：儀式

練習問題 1

1 音声を聞いて、中国語を書きとりましょう。いずれも本文中に出てくる語句です。

1)　　　　　　　　　　　　2)

3)　　　　　　　　　　　　4)

5)　　　　　　　　　　　　6)

2 日本語に合うよう、語句を並べ替えて文を作りましょう。

1) 彼はちょうど勉強しているから、邪魔しないでください。
〔正在／他／打扰／不要／他／学习／，／。〕　　　　　打扰 dǎrǎo：邪魔する

2) 生活水準が高まるにつれて、生活費も増えます。
〔随着／提高／水平／也会／生活／的／生活費／増加／，／。〕

3) 薬を飲んだ後、彼女の病は徐々によくなった。
〔逐渐／了／她的／就／以后／病／吃了药／好／，／。〕

4) 中国で一番大きな都市、すなわち上海には合計で5万人の日本人がいる。
〔即／城市／5万／一共／上海／最大的／有／中国／日本人／，／。〕

3 1) 2) の中国語を日本語に、3) 4) の日本語を中国語に訳しましょう。

1) 随着气温变高，去游泳池的人也多了。
变高 biàngāo：高くなる
游泳池 yóuyǒngchí：スイミングプール

2) 来到中国的第一天，即2018年9月1号，我就开始学中文。

3) 農村の人口は徐々に減っている。
農村：农村 nóngcūn

4) 学生たちが中国語の発音を練習している。

2　银行服务指南
Yínháng fúwù zhǐnán

> 経済を人間にたとえると、お金は血液であるとよく言われます。銀行はお金を扱う窓口なので、どんな業界でも銀行との取引を欠かすことはできません。また海外で生活する際にも必ずお世話になります。さまざまなサービスを提供する銀行ですが、銀行の館内アナウンスで全体像をつかんでみましょう。

欢迎　光临　ABC　银行。您　需要　办理　什么　业务[1)]？请
Huānyíng guānglín ABC yínháng. Nín xūyào bànlǐ shénme yèwù? Qǐng

根据❶　业务　内容　在　取号机[2)]　上　按键[3)]　取号[4)]。存取[5)]　现金
gēnjù yèwù nèiróng zài qǔhàojī shang ànjiàn qǔhào. Cúnqǔ xiànjīn

请　按　1　号键；开立[6)]　存款　账户[7)]　请　按　2　号键；办理[8)]
qǐng àn yī hàojiàn; kāilì cúnkuǎn zhànghù qǐng àn èr hàojiàn; bànlǐ

汇款[9)]　请　按　3　号键；咨询[10)]　保险　和　信托[11)]，请　按　4
huìkuǎn qǐng àn sān hàojiàn; zīxún bǎoxiǎn hé xìntuō, qǐng àn sì

号键。
hàojiàn.

此外[12)]，如果❷　您　需要　申请[13)]　银行　贷款[14)]，请　到　二
Cǐwài, rúguǒ nín xūyào shēnqǐng yínháng dàikuǎn, qǐng dào èr

楼　咨询　窗口[15)]。取号　后，请　您　在　等候室[16)]　稍　等
lóu zīxún chuāngkǒu. Qǔhào hòu, qǐng nín zài děnghòushì shāo děng

片刻[17)]。等候　期间，请　您　准备好❸　银行　存折[18)]　或　相关[19)]
piànkè. Děnghòu qījiān, qǐng nín zhǔnbèihǎo yínháng cúnzhé huò xiāngguān

证件[20]，并[21] 确认好[22] 您 的 密码[23]。
zhèngjiàn, bìng quèrènhǎo nín de mìmǎ.

本 银行 为[4] 您 准备了 茶水[24] 和 杂志， 欢迎 享用[25]。
Běn yínháng wèi nín zhǔnbèile cháshuǐ hé zázhì, huānyíng xiǎngyòng.

1) 业务：業務
2) 取号机：受付番号発券機
3) 按键：ボタンを押す
4) 取号：番号を取る
5) 存取：(現金を) 出し入れする
6) 开立：(銀行口座を) 開設する
7) 存款账户：預金口座
8) 办理：(手続きを) 行う
9) 汇款：振込、送金
10) 咨询：相談、コンサルティング
11) 信托：信託
12) 此外：それ以外に
13) 申请：申請する、申し込む
14) 银行贷款：銀行借り入れ、ローン
15) 窗口：窓口
16) 等候室：待合室
17) 稍等片刻：しばらくお待ちください
18) 存折：銀行通帳
19) 相关：関係する
20) 证件：証明書類
21) 并：同時に、かつ
22) 确认：確認する
23) 密码：暗証番号、パスワード
24) 茶水：お茶
25) 享用：利用する、楽しむ

；(分号 fēnhào) —— 複文の中で並列されている文やフレーズをつなぐ。

ポイント 2

1 前置詞 "根据"

「…に基づいて」、「…によって」と準拠を表す。

根据客户的要求，银行会提供各种服务。
Gēnjù kèhù de yāoqiú, yínháng huì tígōng gèzhǒng fúwù.

学生可以**根据**自己的兴趣，选择各种课。
Xuésheng kěyǐ gēnjù zìjǐ de xìngqù, xuǎnzé gèzhǒng kè.

2 接続詞 "如果"

「もし～なら…」と仮定を表す複文を作る。副詞 "就" とセットで使うことも多い。

如果有问题，请举手提问。
Rúguǒ yǒu wèntí, qǐng jǔ shǒu tíwèn.

提问：質問をする

如果大家没有意见，我们**就**出发吧。
Rúguǒ dàjiā méi yǒu yìjian, wǒmen jiù chūfā ba.

3 結果補語 "好"

「きちんと…する」、「…し終わる」と動作の完了を表す。

请您在入座之前，确认**好**您的座位号码。
Qǐng nín zài rùzuò zhī qián, quèrènhǎo nín de zuòwèi hàomǎ.

入座：席につく

在出发之前，请大家准备**好**自己的随身物品。
Zài chūfā zhī qián, qǐng dàjiā zhǔnbèihǎo zìjǐ de suíshēn wùpǐn.

随身物品：身の回りのもの

4 前置詞 "为"

「…に」、「…のために」と目的を表す。

公司**为**我配备了新型电脑。
Gōngsī wèi wǒ pèibèile xīnxíng diànnǎo.

配备：手配する、割り振る

餐厅**为**外国客人准备了中英文菜单。
Cāntīng wèi wàiguó kèren zhǔnbèile Zhōng-Yīngwén càidān.

練習問題 2

1 音声を聞いて、中国語を書きとりましょう。いずれも本文中に出てくる語句です。

1)　　　　　　　　　　　　2)

3)　　　　　　　　　　　　4)

5)　　　　　　　　　　　　6)

2 日本語に合うよう、語句を並べ替えて文を作りましょう。

1) 授業の前に、学生たちは教科書と辞書をきちんと用意しなければならない。
〔准备好 / 上课之前 / 要 / 课本 / 和 / 词典 / 学生们 / , / 。〕

2) ホテルは旅行客のためにいい部屋を用意した。
〔旅客 / 一间 / 准备了 / 饭店 / 好房间 / 为 / 。〕

3) 明日雨が降ったら、私たちは試合を見に行きません。
〔如果 / 不去 / 我们 / 下雨 / 看比赛 / 明天 / 就 / , / 。〕

4) 会社の要求に基づいて、人事部は各種資料を提供します。
〔根据 / 要求 / 人事部 / 公司的 / 各种资料 / 提供 / , / 。〕

3 1) 2) の中国語を日本語に、3) 4) の日本語を中国語に訳しましょう。

1) 老师根据明天的天气，决定去不去。

2) 如果没有人，你就可以在教室里做作业。

3) 銀行の窓口では、まずパスワードをご確認ください。

4) 銀行はお客さんにお茶を用意します。

お客さん：客人 kèren

3 房地产行业
Fángdìchǎn hángyè

近年、中国や台湾から日本の不動産に投資する案件が急増しています。来日する中国人が増えるに連れて、不動産関連の仕事にも中国語が必要になってきました。また中国など現地に赴任する際にも不動産に関連する基本的な知識は欠かせません。では不動産会社の紹介文を読んでみましょう。

DD房地产[1] 是 一 家 拥有[2] 20 年 历史 的 外资[3] 房地产
DD fángdìchǎn shì yì jiā yōngyǒu èrshí nián lìshǐ de wàizī fángdìchǎn

中介[4] 公司。 创业[5] 以来 一直 为 华人[6] 提供 房地产 服务。
zhōngjiè gōngsī. Chuàngyè yǐlái yìzhí wèi huárén tígōng fángdìchǎn fúwù.

从❶ 挑选[7] 物件 到 搬家[8], DD房地产 为 您 提供 全程[9]
Cóng tiāoxuǎn wùjiàn dào bānjiā, DD fángdìchǎn wèi nín tígōng quánchéng

帮助。
bāngzhù.

在 日本, 不管 是❷ 买卖[10] 还是 租赁[11], 办理 手续[12] 时
Zài Rìběn, bùguǎn shì mǎimài háishi zūlìn, bànlǐ shǒuxù shí

都 需要 填写[13] 大量 文件[14]。 此外, 还 需要 提交 住民票[15]
dōu xūyào tiánxiě dàliàng wénjiàn. Cǐwài, hái xūyào tíjiāo zhùmínpiào

及 纳税 证明书[16] 等 各 种 各 样[17] 的 资料。 这些 我们
jí nàshuì zhèngmíngshū děng gè zhǒng gè yàng de zīliào. Zhèxiē wǒmen

都 可以 为 您 一一[18] 办理。 在❸ 语言 方面, 您 也 不用
dōu kěyǐ wèi nín yīyī bànlǐ. Zài yǔyán fāngmiàn, nín yě búyòng

担心。 我们 既[4] 提供 文件 笔译[19] 服务, 又 提供 陪同[20]
dānxīn. Wǒmen jì tígōng wénjiàn bǐyì fúwù, yòu tígōng péitóng

口译[21] 服务。
kǒuyì fúwù.

　　如果 感 兴趣, 请 您 来 找 我们 —— DD 房地产。
　　Rúguǒ gǎn xìngqù, qǐng nín lái zhǎo wǒmen —— DD fángdìchǎn.

---

1) **房地产**：不動産
2) **拥有**：有する
3) **外资**：外国資本、外資
4) **中介**：仲介
5) **创业**：創業
6) **华人**：中国人、外国に住む中国系住民
7) **挑选**：選ぶ
8) **搬家**：引っ越す
9) **全程**：最初から最後まで
10) **买卖**：売買（する）
11) **租赁**：リース、賃貸
12) **手续**：手続き
13) **填写**：記入する
14) **文件**：文書
15) **住民票**：住民票
16) **纳税证明书**：納税証明書
17) **各种各样**：さまざまな
18) **一一**：1つひとつ
19) **笔译**：翻訳
20) **陪同**：案内する、随行する
21) **口译**：通訳

—— （破折号 pòzhéhào）—— 後ろに続く内容が、前の語句の注釈や説明であることを表す。

15

ポイント 3

1 "从 A 到 B"

「A から B まで」と時間や距離の範囲を表す。

从上课的第一天**到**最后一天，我每天学习新单词。
Cóng shàngkè de dì yī tiān dào zuìhòu yì tiān, wǒ měitiān xuéxí xīn dāncí.

从北京**到**东京的飞机票是多少钱？
Cóng Běijīng dào Dōngjīng de fēijī piào shì duōshao qián ?

2 "不管是 A 还是 B"

「A か B かに関わらず…」、「A でも B でも…」と条件について述べる。

不管是汇款**还是**贷款，都能在 ABC 银行办理。
Bùguǎn shì huìkuǎn háishi dàikuǎn, dōu néng zài ABC yínháng bànlǐ.

不管是排球**还是**篮球，我都不会。　　　　　　　　　　排球：バレーボール
Bùguǎn shì páiqiú háishi lánqiú, wǒ dōu bú huì.　　　　　篮球：バスケットボール

3 "在…（方面）"

「…の面で」、「…の分野で」と範囲などを表す。文頭に置かれる場合が多い。

在房地产**方面**，你可以问他。他是一个专家。
Zài fángdìchǎn fāngmiàn, nǐ kěyǐ wèn tā. Tā shì yí ge zhuānjiā.

在通信**方面**，我们公司是日本最大的企业。
Zài tōngxìn fāngmiàn, wǒmen gōngsī shì Rìběn zuì dà de qǐyè.

4 "既 A 又 B"

「A でもあり、B でもある」、「A したり B したりする」と並列を表す。

在银行我们**既**可以存取现金，**又**可以咨询信托。
Zài yínháng wǒmen jì kěyǐ cúnqǔ xiànjīn, yòu kěyǐ zīxún xìntuō.

我很喜欢这家餐厅，**既**好吃**又**便宜。
Wǒ hěn xǐhuan zhè jiā cāntīng, jì hǎochī yòu piányi.

練習問題 3

1 音声を聞いて、中国語を書きとりましょう。いずれも本文中に出てくる語句です。

1)　　　　　　　　　　　　2)
3)　　　　　　　　　　　　4)
5)　　　　　　　　　　　　6)

2 日本語に合うよう、語句を並べ替えて文を作りましょう。

1) あなたは製造業で就職してもいいし、輸送業で就職してもいい。
〔制造业／你／运输业／既可以／又可以／在／就职／在／就职／，／。〕
就职 jiùzhí：就職する

2) フランス語であれ、ドイツ語であれ、彼はどちらも話せます。
〔不管是／还是／能／他／说／法语／德语／都／，／。〕

3) 学習の面では、先生が紹介した方法が一番よい。
〔在／介绍／方法／方面／老师／的／最好／学习／，／。〕

4) チェックインからチェックアウトまで、ホテルがすべて助けてくれる。
〔都会／从／到／饭店／退房／帮助你／登记／，／。〕
登记 dēngjì：チェックイン
退房 tuìfáng：チェックアウト

3 1) 2) の中国語を日本語に、3) 4) の日本語を中国語に訳しましょう。

1) 从刚才到现在，我读了3遍课文。
刚才 gāngcái：先ほど

2) 在租赁方面，ABC 银行提供相关服务。

3) コーヒーでも紅茶でも、私は砂糖を入れます。
砂糖を入れる：加糖 jiā táng

4) 学生たちは寮で料理をしたり、テレビを見たりすることができます。
料理をする：做菜 zuò cài

4 公司简介
Gōngsī jiǎnjiè

> 会社を紹介する際の最も一般的なパターンを見てみましょう。会社の所在地を説明し、取り扱い業務や主力商品を紹介し、規模、今後の展望や方針を説明します。お客様にアプローチしてもらうことが目的ですから、アプローチの方法にも触れる必要があります。さまざまな会社を想定して会社紹介をしてみるのもよい練習になります。

【16】
EF公司 于[1] 1985 年 在 日本 静冈 县 成立，专门
EF gōngsī yú yī jiǔ bā wǔ nián zài Rìběn Jìnggāng xiàn chénglì, zhuānmén

从事 合成 树脂[1) 的 生产 和 销售[2)。自[2] 2000 年 在
cóngshì héchéng shùzhī de shēngchǎn hé xiāoshòu. Zì èr líng líng líng nián zài

东京 证券 交易所[3) 上市[4) 以来，公司 不断[5) 扩大 业务。
Dōngjīng zhèngquàn jiāoyìsuǒ shàngshì yǐlái, gōngsī búduàn kuòdà yèwù.

目前，我们 在 日本 国内 拥有 8 家 工厂、9 家
Mùqián, wǒmen zài Rìběn guónèi yōngyǒu bā jiā gōngchǎng, jiǔ jiā

子公司[6) 以及[7) 11 家 分公司[8)。
zǐgōngsī yǐjí shíyī jiā fēngōngsī.

【17】
自 2001 年 起 本公司 开始 进军[9) 海外 市场[10)。
Zì èr líng líng yī nián qǐ běngōngsī kāishǐ jìnjūn hǎiwài shìchǎng.

如今[11)，我们 的 销售 网络[12) 遍布[13) 全球[14)，不管 是 产品
Rújīn, wǒmen de xiāoshòu wǎngluò biànbù quánqiú, bùguǎn shì chǎnpǐn

还是 服务，都 在 全球 市场[15) 处于[16) 领先[17) 地位。今后
háishi fúwù, dōu zài quánqiú shìchǎng chǔyú lǐngxiān dìwèi. Jīnhòu

18

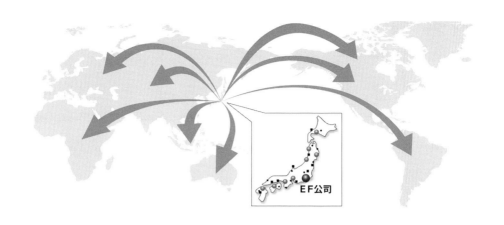

我们 将③ 优化¹⁸⁾ 组织 结构¹⁹⁾，更 好 地④ 满足 客户 的
wǒmen jiāng yōuhuà zǔzhī jiégòu, gèng hǎo de mǎnzú kèhù de

需求²⁰⁾。
xūqiú.

如果 贵公司 对 日本产 的 合成 树脂 有 需求，请 与
Rúguǒ guìgōngsī duì Rìběnchǎn de héchéng shùzhī yǒu xūqiú, qǐng yǔ

我 公司 或 销售 网点²¹⁾ 联系。
wǒ gōngsī huò xiāoshòu wǎngdiǎn liánxì.

---

1) **合成树脂**：合成樹脂
2) **销售**：販売する
3) **东京证券交易所**：東京証券取引所
4) **上市**：（証券取引所に）上場する
5) **不断**：絶えず、〜し続ける
6) **子公司**：子会社
7) **以及**：及び
8) **分公司**：支社
9) **进军**：進軍する、推し進める
10) **海外市场**：海外市場
11) **如今**：現在
12) **销售网络**：販売網
13) **遍布**：（いたるところに）行き渡る
14) **全球**：全世界
15) **全球市场**：世界市場
16) **处于**：（場所に）身を置く
17) **领先**：リードする、先頭に立つ
18) **优化**：良くする、最適化する、向上させる
19) **组织结构**：組織機構
20) **需求**：需要、ニーズ
21) **网点**：ネットワーク上の拠点

ポイント 4

1 前置詞 "于"

「…に」「…で」と動作や行為の発生する時点・場所を表す。

IT 行业**于**上个世纪六十年代诞生。
IT hángyè yú shàng ge shìjì liùshí niándài dànshēng.

2020 年奥运会**于**日本东京举办。
Èr líng èr líng nián Àoyùnhuì yú Rìběn Dōngjīng jǔbàn.

2 前置詞 "自"

「…から」と時間や場所の起点を表す。"自…起"の組み合わせで使われる場合が多い。

自今年起，我们班每星期要上七节英语课。
Zì jīnnián qǐ, wǒmen bān měi xīngqī yào shàng qī jié Yīngyǔ kè.

中国两条大河即长江和黄河，都是**自**西向东流的河流。
Zhōngguó liǎng tiáo dàhé jí Chángjiāng hé Huánghé, dōu shì zì xī xiàng dōng liú de héliú.

3 副詞 "将"

「まもなく…であろう」と、動作や状況が近い将来起ころうとしていることを表す。

将要下大雨了，快回家吧。
Jiāng yào xià dàyǔ le, kuài huí jiā ba.

公司**将**发布海外进军计划。
Gōngsī jiāng fābù hǎiwài jìnjūn jìhuà.

发布：発表する

4 助詞 "地"

形容詞、動詞、フレーズなどの後ろに置いて、連用修飾語を作る。

我们顺利**地**完成了任务。
Wǒmen shùnlì de wánchéngle rènwù.

如果想创业，你就要好好**地**学习各种知识。
Rúguǒ xiǎng chuàngyè, nǐ jiù yào hǎohāo de xuéxí gèzhǒng zhīshi.

创业：起業する

練習問題 4

1 音声を聞いて、中国語を書きとりましょう。いずれも本文中に出てくる語句です。

1)　　　　　　　　　　　　2)
3)　　　　　　　　　　　　4)
5)　　　　　　　　　　　　6)

2 日本語に合うよう、語句を並べ替えて文を作りましょう。

1) 人々は喜んで歌ったり、踊ったりしました。
〔人们／跳舞／地／唱歌／高高兴兴／。〕

2) 明日から会社では新しいシステムを使用します。
〔公司／新的系统／明天／自／使用／起／，／。〕　　　系统 xìtǒng：システム

3) 不動産投資の金額は徐々に増えるだろう。
〔将／投资金额／增加／房地产／逐渐／。〕

4) この新しい樹脂の工場は1998年に上海で設立されました。
〔树脂工厂／成立／在上海／1998年／这家／于／新的／。〕

3 1) 2) の中国語を日本語に、3) 4) の日本語を中国語に訳しましょう。

1) 我哥哥是一个专业足球选手，每天都要努力地练习。　　　专业 zhuānyè：プロの
　　　　　　　　　　　　　　　　　　　　　　　　　　　选手 xuǎnshǒu：選手

2) 新法律自公布之日起施行。　　　　　　　　　　　　　公布 gōngbù：公布する
　　　　　　　　　　　　　　　　　　　　　　　　　　　施行 shīxíng：施行する

3) 新しい1年がまもなくやってくる。
　　　　　　　　　　　　　　　　　　　　　　　　　　　やってくる：到 dào

4) 新しい製品は9月に販売しはじめる。

5 电脑新产品
Diànnǎo xīn chǎnpǐn

> 今後どんな業種に入ることになっても、パソコンなしに仕事することはありえません。パソコンやタブレットを使用する際の基本用語を身につけましょう。この分野は技術面での進化が早いため、最新の用語を常にチェックしておく必要があります。新製品発表のニュースを見てみましょう。

21 昨天，GG电脑 在 北京 召开[1] 新 产品 发布会[2]，宣布[3]
Zuótiān, GG diànnǎo zài Běijīng zhàokāi xīn chǎnpǐn fābùhuì, xuānbù

将 推出 两 款[4] 全 新 的[5] 笔记本 电脑 和 平板 电脑[6]。
jiāng tuīchū liǎng kuǎn quán xīn de bǐjìběn diànnǎo hé píngbǎn diànnǎo.

22 最 新 款[7] 电脑 机身[8] 采用[9] 新型 金属 材料。包括
Zuì xīn kuǎn diànnǎo jīshēn cǎiyòng xīnxíng jīnshǔ cáiliào. Bāokuò

电池 在 内，重量 仅[10] 有 800 克[11]。电池 寿命 长达[12]
diànchí zài nèi, zhòngliàng jǐn yǒu bābǎi kè. Diànchí shòumìng chángdá

15 个 小时，具有[13] 较[14] 强 的 耐用性，非常 适合 商务
shíwǔ ge xiǎoshí, jùyǒu jiào qiáng de nàiyòngxìng, fēicháng shìhé shāngwù

人士[15] 外出 使用。
rénshì wàichū shǐyòng.

23 最 新 款 平板 电脑 与❶ 以往[16] 相比，采用了 最
Zuì xīn kuǎn píngbǎn diànnǎo yǔ yǐwǎng xiāngbǐ, cǎiyòngle zuì

尖端[17] 的 显示屏[18]、触控[19] 功能[20] 和 扬声器[21]，并且❷ 可以
jiānduān de xiǎnshìpíng, chùkòng gōngnéng hé yángshēngqì, bìngqiě kěyǐ

快速 充电[22]。
kuàisù chōngdiàn.

22

关于③ 消费者 关心²³⁾ 的 定价²⁴⁾，GG电脑 在 发布会 上
Guānyú xiāofèizhě guānxīn de dìngjià, GG diànnǎo zài fābùhuì shang

没有 发布。但 表示 只有④ 降低²⁵⁾ 价格，才 能 吸引²⁶⁾ 更
méiyou fābù. Dàn biǎoshì zhǐyǒu jiàngdī jiàgé, cái néng xīyǐn gèng

多 的 消费者。
duō de xiāofèizhě.

---

1) 召开：開催する
2) 发布会：発表会
3) 宣布：宣言する、発表する
4) 款：〔型を数える量詞〕
5) 全新的：全く新しい
6) 平板电脑：タブレット端末
7) 款：機種、モデル〔名詞〕
8) 机身：ボディー
9) 采用：採用する
10) 仅：わずか
11) 克：グラム
12) 长达：〜という長さに達する
13) 具有：持つ、備える

14) 较：やや、比較的
15) 商务人士：ビジネスパーソン
16) 以往：これまで
17) 尖端：ハイテク、最先端
18) 显示屏：ディスプレイ
19) 触控：タッチコントロール
20) 功能：機能
21) 扬声器：スピーカー
22) 充电：充電、チャージ
23) 关心：興味を持つ、関心を持つ
24) 定价：定価
25) 降低：〜を引き下げる
26) 吸引：引きつける

ポイント 5

1 "与…相比"

「…と比べると」という意味で、比較対象を表す。

与其他人**相比**，他更爱说笑话。
Yǔ qítā rén xiāngbǐ, tā gèng ài shuō xiàohua.

在日本，**与**农业**相比**，制造业的从业人口更多。
Zài Rìběn, yǔ nóngyè xiāngbǐ, zhìzàoyè de cóngyè rénkǒu gèng duō.

2 接続詞 "并且"

「しかも」、「かつ」と並列または累加を表す。"不仅…并且～"という複文の形で「…だけでなく～」という意味を表すことも多い。

消费者对智能手机很感兴趣，**并且**对平板电脑也有兴趣。
Xiāofèizhě duì zhìnéng shǒujī hěn gǎn xìngqù, bìngqiě duì píngbǎn diànnǎo yě yǒu xìngqù.

他写文章**不仅**写得好，**并且**写得快。
Tā xiě wénzhāng bùjǐn xiěde hǎo, bìngqiě xiěde kuài.

3 前置詞 "关于"

「…について」、「…に関する」と関連する物事を表す。

关于公司介绍，现在正在制作中文版。
Guānyú gōngsī jièshào, xiànzài zhèngzài zhìzuò Zhōngwénbǎn.

今天我们要谈的是**关于**海外投资的事。
Jīntiān wǒmen yào tán de shì guānyú hǎiwài tóuzī de shì.

4 "只有A，才B"

「AしてこそBする」、「AしてはじめてBする」と条件を表す。

只有满足客户的要求，公司**才**能战胜竞争对手。
Zhǐyǒu mǎnzú kèhù de yāoqiú, gōngsī cái néng zhànshèng jìngzhēng duìshǒu.

战胜：打ち勝つ
竞争对手：競争相手、コンペティター

只有战胜竞争对手，**才**能扩大市场占有率。
Zhǐyǒu zhànshèng jìngzhēng duìshǒu, cái néng kuòdà shìchǎng zhànyǒulǜ.

練習問題 5

1 音声を聞いて、中国語を書きとりましょう。いずれも本文中に出てくる語句です。

1)　　　　　　　　　　　2)

3)　　　　　　　　　　　4)

5)　　　　　　　　　　　6)

2 日本語に合うよう、語句を並べ替えて文を作りましょう。

1) 第三次産業の発展について、政府はすでに指示を出した。
〔政府／第三产业的／已经／发展／指示／关于／做出／，／。〕

做出 zuòchū：（指示を）出す

2) 彼は英語が話せる、しかもかなり上手に話せる。
〔说得／英语／很好／并且／会说／他／，／。〕

3) 日本と比べると、インドネシアの人口はもっと多い。
〔印尼的／更／人口／日本／相比／多／与／，／。〕　　印尼 Yìnní：インドネシア

4) お金持ちであってこそ不動産投資を考えることができる。
〔能／房地产投资／才／有钱人／只有／考虑／。〕　　有钱人 yǒuqiánrén：お金持ち

3 1) 2) の中国語を日本語に、3) 4) の日本語を中国語に訳しましょう。

1) 关于新的房地产项目，公司正在申请贷款。

项目 xiàngmù：プロジェクト

2) 与以往相比，今年的夏季气温更高。

3) 銀行は貸付だけでなく、信託サービスも提供します。

4) 毎日絶えず努力して、はじめて成功を収めることができる。

成功を収める：获得成功 huòdé chénggōng

6 董事会记录
Dǒngshìhuì jìlù

中国では会社の経営を司る最高機関が「董事会」、日本の会社で言えば取締役会です。会社の最重要事項を審議し、承認します。ここでは董事会の議事録を読んでみましょう。本年度の業務報告と次年度の経営計画を話し合っています。一方、本文中に出てくる定款とは会社のルールを定めたもので、言わば「会社の憲法」ですが、取締役会の承認があれば変更可能です。

27 根据 公司 章程[1] 的 规定，本公司 于 今年 1月 在
Gēnjù gōngsī zhāngchéng de guīdìng, běngōngsī yú jīnnián yīyuè zài

公司 会议室 召开了 第 10 届[2] 董事会[3]。会议 审议[4] 并
gōngsī huìyìshì zhàokāile dì shí jiè dǒngshìhuì. Huìyì shěnyì bìng

通过了[5] 以下 议案[6]：
tōngguòle yǐxià yì'àn:

28 一. 本年度 总经理[7] 工作 报告[8]
Yī. běnniándù zǒngjīnglǐ gōngzuò bàogào

尽管❶ 本年度 实际 产量[9] 没有 达到 计划[10] 水平，但
Jǐnguǎn běnniándù shíjì chǎnliàng méiyou dádào jìhuà shuǐpíng, dàn

本公司 实现了 预期[11] 的 利润[12]。这 是 因为❷ 生产 部门
běngōngsī shíxiànle yùqī de lìrùn. Zhè shì yīnwèi shēngchǎn bùmén

和 销售 部门 大幅度[13] 降低了 成本[14]，所以 获得了 较 好
hé xiāoshòu bùmén dàfúdù jiàngdīle chéngběn, suǒyǐ huòdéle jiào hǎo

的 成果。
de chéngguǒ.

26

二． 下 一 年度[15) 的 经营[16) 计划
Èr. xià yì niándù de jīngyíng jìhuà

全球 经济 正在 稳步[17) 发展， 总经理 对 此 提出 下
Quánqiú jīngjì zhèngzài wěnbù fāzhǎn, zǒngjīnglǐ duì cǐ tíchū xià

一 年度 计划。 他 强调[18)： 为了❸ 使❹ 公司 取得 更 好 的
yì niándù jìhuà. Tā qiángdiào: wèile shǐ gōngsī qǔdé gèng hǎo de

业绩[19)， 全 公司 职员 需要 同心 协力[20)， 积极[21) 开拓[22) 新
yèjì, quán gōngsī zhíyuán xūyào tóngxīn xiélì, jījí kāituò xīn

市场。
shìchǎng.

---

1) **章程**：定款
2) **届**：〜期、〜回〔定期的な会議や卒業の次数などを数える量詞〕
3) **董事会**：董事会、取締役会
4) **审议**：審議する
5) **通过**：通過する、採択する
6) **议案**：議案
7) **总经理**：総経理、社長
8) **工作报告**：業務報告
9) **产量**：生産量
10) **计划**：計画する
11) **预期**：予想する、期待する

12) **利润**：利益
13) **大幅度**：大幅に、大幅な
14) **成本**：コスト、原価
15) **下一年度**：来年度
16) **经营**：経営する、マネジメント
17) **稳步**：安定した
18) **强调**：強調する
19) **业绩**：業績
20) **同心协力**：一致団結する、協力する
21) **积极**：積極的に
22) **开拓**：開拓する

：（冒号 màohào）—— 後ろに文を提示するのに用いる。

ポイント 6

1 接続詞 "尽管"

「…だけれども」という逆接を表す。"但(是)""还是"などとセットで使われることが多い。

尽管公司已经进军海外，**但是**规模还不大。
Jǐnguǎn gōngsī yǐjīng jìnjūn hǎiwài, dànshì guīmó hái bú dà.

规模：規模

尽管他学了 3 年钢琴，**但还是**弹不好。
Jǐnguǎn tā xuéle sān nián gāngqín, dàn háishi tánbuhǎo.

弹不好：上手に弾けない

2 "因为 A，所以 B"

「A なので B だ」という因果関係を表す。

因为公司有海外分公司，**所以**员工经常去海外出差。
Yīnwèi gōngsī yǒu hǎiwài fēngōngsī, suǒyǐ yuángōng jīngcháng qù hǎiwài chūchāi.

因为新电脑使用了新型材料，**所以**重量非常轻。
Yīnwèi xīn diànnǎo shǐyòngle xīnxíng cáiliào, suǒyǐ zhòngliàng fēicháng qīng.

3 前置詞 "为了"

「…のために」と目的を表す。

为了向华人提供房地产服务，公司制作了中文广告。
Wèile xiàng huárén tígōng fángdìchǎn fúwù, gōngsī zhìzuòle Zhōngwén guǎnggào.

为了上课不迟到，我决定住大学宿舍。
Wèile shàngkè bù chídào, wǒ juédìng zhù dàxué sùshè.

4 動詞 "使"

「…に～させる」という使役を表す。"使"の前で述べられたことが原因となって、"使"の後ろに述べる状況などが生じることを表すことが多い。

公司降低了生产成本，**使**利润提高了。
Gōngsī jiàngdīle shēngchǎn chéngběn, shǐ lìrùn tígāo le.

银行的服务很好，**使**客户很高兴。
Yínháng de fúwù hěn hǎo, shǐ kèhù hěn gāoxìng.

練習問題 6

1 音声を聞いて、中国語を書きとりましょう。いずれも本文中に出てくる語句です。

1)　　　　　　　　　　　　　2)
3)　　　　　　　　　　　　　4)
5)　　　　　　　　　　　　　6)

2 日本語に合うよう、語句を並べ替えて文を作りましょう。

1) 彼は中国に行ったことがないけれども、彼の中国語はとても上手です。
〔他的汉语／没有／中国／尽管／非常好／他／去过／但是／，／。〕

2) 明日は雨が降るので、試合は延期になりました。
〔比赛／了／因为／下雨／明天／延期／所以／，／。〕　　　　　延期 yánqī：延期

3) 海外進出するために、わが社は海外業務部を設立しました。
〔我们公司／海外业务部／为了／进军／成立了／海外／，／。〕

4) 販売部門は大量の注文を獲得し、会社に利益をもたらしました。
〔大量订单／销售部门／使／实现了／获得了／利润／公司／，／。〕
　　　　　　　　　　　　　　　　　　　　　　　　　　订单 dìngdān：注文書

3 1) 2) の中国語を日本語に、3) 4) の日本語を中国語に訳しましょう。

1) 学校足球队赢了，使大家非常高兴。
　　　　　　　　　　　　　　　　　　　　　　　　　　　　　　赢 yíng：勝つ

2) 为了满足客户的要求，公司提供口译和笔译服务。

3) 学んだことがないので、私にはフランス語が話せない。

4) 会社は新型パソコンを発表したが、あまり売れていない。
　　　　　　　　　　　　　　　　　　　　　　　　　あまり…でない：〜得不太好

29

7 生产部门
Shēngchǎn bùmén

製造業などでは生産部門が欠かせません。生産部門と一口に言っても、さまざまな工程でさまざまな職種の方が働いており、業種によって千差万別です。この課では新しい生産ラインを導入するための組み立て、部品管理、研究開発など各部門の受け入れ作業を記載した文章を読みます。

公司　经过　慎重[1)]　研究，　决定　将　于　明年　年初　引进[2)]
Gōngsī jīngguò shènzhòng yánjiū, juédìng jiāng yú míngnián niánchū yǐnjìn

一　条　新　的　生产线[3)]。一旦❶　引进了　新　设备[4)]，就　能
yì tiáo xīn de shēngchǎnxiàn. Yídàn yǐnjìnle xīn shèbèi, jiù néng

大大　提高　工厂　全体　的　工作　效率。希望　公司　全体　员工
dàdà tígāo gōngchǎng quántǐ de gōngzuò xiàolǜ. Xīwàng gōngsī quántǐ yuángōng

做好　准备　工作。具体　要求　如下[5)]：
zuòhǎo zhǔnbèi gōngzuò. Jùtǐ yāoqiú rúxià:

1. 组装[6)]　车间[7)]　员工　对　原有[8)]　设备、机器　进行　全面
　 Zǔzhuāng chējiān yuángōng duì yuányǒu shèbèi, jīqì jìnxíng quánmiàn

清洗[9)]　和　保养[10)]。把❷　各种　工具　放回[11)]　原有　的　保管
qīngxǐ hé bǎoyǎng. Bǎ gèzhǒng gōngjù fànghuí yuányǒu de bǎoguǎn

场所[12)]。
chǎngsuǒ.

2. 零部件[13)]　管理　人员　把　所有　零部件　搬进　仓库[14)]，
　 Língbùjiàn guǎnlǐ rényuán bǎ suǒyǒu língbùjiàn bānjìn cāngkù,

进行❸　妥善[15)]　管理。清扫[16)]　车间，确保[17)]　工厂　内部　的
jìnxíng tuǒshàn guǎnlǐ. Qīngsǎo chējiān, quèbǎo gōngchǎng nèibù de

清洁[18)]。
qīngjié.

3. 研究　开发[19)]　部门　的　负责人[20)]　以及　相关　技术　人员，对
　 Yánjiū kāifā bùmén de fùzérén yǐjí xiāngguān jìshù rényuán, duì

新　　设备　　引进　　流程[21]　再　　次　　进行　　确认。明年　　年初　　第
xīn　shèbèi　yǐnjìn　liúchéng　zài　cì　jìnxíng　quèrèn.　Míngnián　niánchū　dì

一　　周　　进行　　试运转[22]，　确保　　两　　周　　之　　后　　正式
yī　zhōu　jìnxíng　shìyùnzhuǎn,　quèbǎo　liǎng　zhōu　zhī　hòu　zhèngshì

投产[23]。
tóuchǎn.

此外，　下　　周一　　到　　周五　　上午，　所有　　员工　　要　　参加　　新
Cǐwài,　xià　zhōuyī　dào　zhōuwǔ　shàngwǔ,　suǒyǒu　yuángōng　yào　cānjiā　xīn

设备　　的　　操作　　说明会　　和　　技术　　培训[24]。只要❹　全体　　员工
shèbèi　de　cāozuò　shuōmínghuì　hé　jìshù　péixùn.　Zhǐyào　quántǐ　yuángōng

同心　　协力，　共同　　努力，　我们　　就　　一定　　会　　做好　　本　　次
tóngxīn　xiélì,　gòngtóng　nǔlì,　wǒmen　jiù　yídìng　huì　zuòhǎo　běn　cì

引进　　工作。
yǐnjìn　gōngzuò.

---

1) 慎重：慎重に
2) 引进：導入する
3) 生产线：生産ライン
4) 设备：設備
5) 如下：以下のように
6) 组装：組み立て
7) 车间：工場、ワークショップ
8) 原有：元々の
9) 清洗：洗う
10) 保养：保守する、メンテナンスをする
11) 放回：戻す
12) 场所：場所
13) 零部件：部品、パーツ
14) 仓库：倉庫
15) 妥善：適切に
16) 清扫：清掃する
17) 确保：確保する
18) 清洁：清潔な状態
19) 研究开发：研究開発
20) 负责人：担当者、責任者
21) 流程：流れ、プロセス
22) 试运转：試運転
23) 投产：稼働する
24) 培训：研修、教育

31

ポイント 7

1 "一旦 A 就 B"

「ひとたび A なら B する」、「A したからには B する」と仮定を表す。

台风**一旦**过去，天气**就**会变好。
Táifēng yídàn guòqu, tiānqì jiù huì biànhǎo.

一旦引进新设备，全体员工**就**要接受培训。
Yídàn yǐnjìn xīn shèbèi, quántǐ yuángōng jiù yào jiēshòu péixùn.

2 "把" 構文 ──"把"＋ 名詞 ＋ 動詞 ＋ 補語などの成分

"把"を使って目的語を動詞の前に引き出し、動作の結果どうなったかを説明する構文。動詞には補語など何らかの要素が付く。

他**把**自己的汽车保养得很好。
Tā bǎ zìjǐ de qìchē bǎoyǎngde hěn hǎo.

糟了，我**把**钱包忘在电车里了！
Zāo le, wǒ bǎ qiánbāo wàngzài diànchē li le !

糟了：しまった

3 動詞 "进行"

「行う」「進める」という意味。後ろに2音節の動詞が続く場合、単に「〜する」という意味になる。

开发部门将**进行**新员工的培训。
Kāifā bùmén jiāng jìnxíng xīn yuángōng de péixùn.

公司需要对今后的市场**进行**研究。
Gōngsī xūyào duì jīnhòu de shìchǎng jìnxíng yánjiū.

4 "只要 A，就 B"

「A さえすれば B する」と条件を表す。

只要你好好休息、好好吃药，病**就**会好的。
Zhǐyào nǐ hǎohāo xiūxi, hǎohāo chī yào, bìng jiù huì hǎo de.

只要努力，你**就**会考上理想的大学。
Zhǐyào nǔlì, nǐ jiù huì kǎoshàng lǐxiǎng de dàxué.

練習問題 7

1 音声を聞いて、中国語を書きとりましょう。いずれも本文中に出てくる語句です。

1) 2)
3) 4)
5) 6)

2 日本語に合うよう、語句を並べ替えて文を作りましょう。

1) 一旦決定したら、もう迷ってはならない。
〔就／犹豫／决定了／一旦／不要／，／。〕

犹豫 yóuyù：迷う、戸惑う

2) 学生たちは宿舎をきれいに掃除しました。
〔宿舍／干干净净／学生们／打扫／把／得／。〕

3) 取締役会は来年の計画について議論を行いました。
〔计划／讨论／对／董事会／明年的／进行了／。〕

讨论 tǎolùn：議論する

4) 雨が降りさえしなければ、私は必ず試合を見に行きます。
〔我／看比赛／只要／下雨／就／去／不／一定／，／。〕

3 1) 2) の中国語を日本語に、3) 4) の日本語を中国語に訳しましょう。

1) 员工对设备引进流程进行详细调查。

详细 xiángxì：詳細である

2) 只要有一支笔和一张纸，小孩子就能很安静。

3) 原因が見つかりさえすれば、問題は解決できる。

見つかる：找到 zhǎodào

4) パスワードを忘れないで。〔"把"を使うこと〕

8 社交网站
Shèjiāo wǎngzhàn

> SNSが話題に上らない日はないというぐらいブームになっています。これまで個人的なつながりとして使う人が多かったようですが、企業も宣伝ツールの1つとしてSNSを重視しはじめています。ここでは、SNSに関連する基本的な特徴とその用語を押さえておきましょう。

现在 有 越来越❶ 多 的 广告 公司 盯上了[1)] SNS
Xiànzài yǒu yuè lái yuè duō de guǎnggào gōngsī dīngshàngle SNS

广告 业务。 SNS 是 社会性 网络 服务[2)], 又 称 "社交
guǎnggào yèwù. SNS shì shèhuìxìng wǎngluò fúwù, yòu chēng "shèjiāo

网站[3)]"。 其中 知名[4)] 的 有 我们 熟悉[5)] 的 "脸书[6)]"、
wǎngzhàn". Qízhōng zhīmíng de yǒu wǒmen shúxī de "Liǎnshū"、

"推特[7)]"、 "LINE" 以及 "微信[8)]" 等。 这些 社交 网站 拥有
"Tuītè"、 "LINE" yǐjí "Wēixìn" děng. Zhèxiē shèjiāo wǎngzhàn yōngyǒu

庞大[9)] 的 用户[10)] 人数, 促进了 人 与 人 之 间 的 相互
pángdà de yònghù rénshù, cùjìnle rén yǔ rén zhī jiān de xiānghù

交流。 SNS 广告 借助了[11)] 这 种 强大 的 人际 脉络[12)],
jiāoliú. SNS guǎnggào jièzhùle zhè zhǒng qiángdà de rénjì màiluò,

从而❷ 一 传 十, 十 传 百 地[13)] 将❸ 商品 信息 传递到[14)]
cóng'ér yī chuán shí, shí chuán bǎi de jiāng shāngpǐn xìnxī chuándìdào

四面八方[15)]。
sìmiàn-bāfāng.

在 SNS 上 投放[16)] 广告 的 方法 很 多。 其 最 大 的
Zài SNS shang tóufàng guǎnggào de fāngfǎ hěn duō. Qí zuì dà de

特点 就 是 借用[17] 朋友圈[18] 的 力量。通过 在 用户 的
tèdiǎn jiù shì jièyòng péngyouquān de lìliang. Tōngguò zài yònghù de

朋友圈 里 聊天、投稿、分享[19] 视频[20] 等 方法，可以 使 很
péngyouquān li liáotiān, tóugǎo, fēnxiǎng shìpín děng fāngfǎ, kěyǐ shǐ hěn

多 人 看到 广告。除 此 以外[21]，网络 平台[22] 还 具有
duō rén kàndào guǎnggào. Chú cǐ yǐwài, wǎngluò píngtái hái jùyǒu

又[4] 便宜 又 快捷[23] 的 优势[24]。这 一 点 也 是 传统
yòu piányi yòu kuàijié de yōushì. Zhè yì diǎn yě shì chuántǒng

广告 无法[25] 相比 的。
guǎnggào wúfǎ xiāngbǐ de.

1) 盯：狙う
2) 社会性网络服务：ソーシャル・ネットワーキング・サービス
3) 社交网站：ソーシャルサイト
4) 知名：有名な
5) 熟悉：慣れ親しんでいる、よく知っている
6) 脸书：フェイスブック (Facebook)
7) 推特：ツイッター (Twitter)
8) 微信：WeChat〔中国のSNSアプリ〕
9) 庞大：巨大、膨大
10) 用户：ユーザー
11) 借助：助けを借りる
12) 人际脉络：人脈
13) 一传十，十传百地：口コミで広がって
14) 传递到：〜まで伝える
15) 四面八方：四方八方に
16) 投放：配信する
17) 借用：借りる
18) 朋友圈：グループ、モーメンツ〔写真やテキストをグループで共有できる機能〕
19) 分享：共有する、シェアする
20) 视频：ビデオ、動画
21) 除此以外：それ以外に
22) 平台：プラットフォーム、場
23) 快捷：速やかに
24) 优势：強み、優位
25) 无法：〜できない

" "（引号 yǐnhào）—— 引用や発話文、特別な意味で用いられた語であることを表す。

ポイント 8

1 "越来越…"

「(時間がたつにつれて) ますます…」と累加を表す表現。

到了秋天，红叶的颜色就会**越来越**红。
Dàole qiūtiān, hóngyè de yánsè jiù huì yuè lái yuè hóng.

校园文化节要开始了，大学生们**越来越**忙了。
Xiàoyuán wénhuàjié yào kāishǐ le, dàxuéshēngmen yuè lái yuè máng le.

2 接続詞 "从而"

「したがって」「それによって」と因果関係を表す。

经济发展了，**从而**第三产业的劳动人口越来越多。
Jīngjì fāzhǎn le, cóng'ér dì sān chǎnyè de láodòng rénkǒu yuè lái yuè duō.

我们降低了价格，**从而**吸引了消费者。
Wǒmen jiàngdīle jiàgé, cóng'ér xīyǐnle xiāofèizhě.

3 前置詞 "将"

書き言葉で「…を」と目的語を動詞の前に引き出し、動作の結果を説明する。"把"が口語的に使われるのに比べ、"将"は改まった場面で使われることが多い。

下面我们**将**今天的课题发给大家。　　　　　　　　　　　　发给：〜に伝達する
Xiàmian wǒmen jiāng jīntiān de kètí fāgěi dàjiā.

老师**将**话题转移到能源行业了。　　　　　　　　　　　　　转移到：〜に移す
Lǎoshī jiāng huàtí zhuǎnyídào néngyuán hángyè le.

4 "又 A 又 B"

「A したり、B したりする」、「A でもあり、B でもある」と並列を表す。"既 A 又 B" と共通している。

她**又**漂亮**又**聪明。
Tā yòu piàoliang yòu cōngming.

我**又**不喜欢咖啡**又**不喜欢红茶。
Wǒ yòu bù xǐhuan kāfēi yòu bù xǐhuan hóngchá.

練習問題 8

1 音声を聞いて、中国語を書きとりましょう。いずれも本文中に出てくる語句です。

1)　　　　　　　　　　　　2)
3)　　　　　　　　　　　　4)
5)　　　　　　　　　　　　6)

2 日本語に合うよう、語句を並べ替えて文を作りましょう。

1) 彼は謙虚であり、勤勉でもある。
〔谦虚／又／他／又／勤奋／。〕

谦虚 qiānxū：謙虚である
勤奋 qínfèn：勤勉である

2) 世界経済がますます活発になってきました。
〔经济／活跃／世界／越来越／了／。〕

活跃 huóyuè：活発である

3) 社長は業務報告を取締役に渡しました。
〔总经理／交给了／工作报告／董事们／将／。〕

交给 jiāogěi：～に手渡す

4) 会社は新設備を導入し、それによって利益を引き上げた。
〔提高了／新设备／公司／从而／利润／引进／，／。〕

3 1) 2) の中国語を日本語に、3) 4) の日本語を中国語に訳しましょう。

1) 公司逐渐地扩大了规模，总经理越来越辛苦了。

2) 我又能做笔译，又能做口译。

3) 使い終わった後、鉛筆を机の上に戻してください。〔"将"を使うこと〕

使い終わる：用完 yòngwán

4) 製品価格を引き下げ、それによって顧客の好評を獲得する。

好評：好评 hǎopíng

9 物流行业
Wùliú hángyè

> 物流業界は昔から、貿易や貨物の輸送などでどの産業に対しても重要な役割を果たしてきました。現在はそれに加えてネットショッピングが急増しているため、顧客の自宅まで商品を配達する配送業者の重要度がさらに増しています。さまざまな技術面での進化により、物流業界はさらに効率よく、さらにスピーディーに商品を届けてくれることでしょう。

【41】
由于❶ 网上 购物1) 的 普及，物流2) 公司 发挥3) 的 作用
Yóuyú wǎng shang gòuwù de pǔjí, wùliú gōngsī fāhuī de zuòyòng

越来越 重要 了。我们 HI公司 也 愿意 为 此 贡献4) 一
yuè lái yuè zhòngyào le. Wǒmen HI gōngsī yě yuànyì wèi cǐ gòngxiàn yí

份 力量！
fèn lìliang !

【42】
HI公司 的 送 货 服务5) 中，最 受 欢迎 的 就 是
HI gōngsī de sòng huò fúwù zhōng, zuì shòu huānyíng de jiù shì

"在线6) 物流 服务"。所谓❷ "在线 物流 服务" 是 指 客户
"zàixiàn wùliú fúwù". Suǒwèi "zàixiàn wùliú fúwù" shì zhǐ kèhù

可以 通过 智能 手机7) 在 网上 办理 各种 手续。例如：
kěyǐ tōngguò zhìnéng shǒujī zài wǎng shang bànlǐ gèzhǒng shǒuxù. Lìrú:

预约8) 领取9) 货物10) 或11) 发送12) 货物、变更13) 地址 等。万一❸
yùyuē lǐngqǔ huòwù huò fāsòng huòwù, biàngēng dìzhǐ děng. Wànyī

货物 没 及时14) 运到，还 可以 使用 智能 手机 查看15) 货物
huòwù méi jíshí yùndào, hái kěyǐ shǐyòng zhìnéng shǒujī chákàn huòwù

送到 哪里 了。
sòngdào nǎli le.

38

此外， HI公司 正在 进行 无人机[16] 送 货 的 开发。 开发
Cǐwài, HI gōngsī zhèngzài jìnxíng wúrénjī sòng huò de kāifā. Kāifā

进度[17] 在 物流 业界[18] 属于 顶级[19] 水平。 利用 GPS导航
jìndù zài wùliú yèjiè shǔyú dǐngjí shuǐpíng. Lìyòng GPS dǎoháng

系统[20]， 无人机 可以 将 货物 安全、 及时 地 送到 客户
xìtǒng, wúrénjī kěyǐ jiāng huòwù ānquán、 jíshí de sòngdào kèhù

指定 的 地点。 对[4] 我们 来 说， 为 顾客 提供 最 大 的
zhǐdìng de dìdiǎn. Duì wǒmen lái shuō, wèi gùkè tígōng zuì dà de

方便 是 我们 永远 的 目标[21]！ 我们 相信： 在 不 远 的
fāngbiàn shì wǒmen yǒngyuǎn de mùbiāo！ Wǒmen xiāngxìn: zài bù yuǎn de

将来， 送 货 服务 将 变得[22] 更加[23] 神奇[24]！
jiānglái, sòng huò fúwù jiāng biànde gèngjiā shénqí！

---

1) 网上购物：ネットショッピング
2) 物流：物流
3) 发挥：発揮する、（役割を）果たす
4) 贡献：貢献する
5) 送货服务：宅配サービス
6) 在线：オンライン
7) 智能手机：スマートフォン
8) 预约：予約する
9) 领取：受け取る
10) 货物：荷物
11) 或：あるいは
12) 发送：発送する
13) 变更：変更する
14) 及时：すぐに、速やかに
15) 查看：チェックする
16) 无人机：ドローン
17) 进度：進み具合
18) 业界：業界
19) 顶级：トップクラス
20) GPS 导航系统：GPSナビシステム
21) 目标：目標
22) 变得：…するようになる
23) 更加：もっと
24) 神奇：不思議である、すごい

ポイント 9

1 接続詞 "由于"

「…なので」、「…だから」と因果関係を表す。"因为"より硬い表現。

由于总经理的工作报告太长，大家都累了。
Yóuyú zǒngjīnglǐ de gōngzuò bàogào tài cháng, dàjiā dōu lèi le.

由于事前做好了准备，工厂顺利地引进了新生产线。
Yóuyú shìqián zuòhǎole zhǔnbèi, gōngchǎng shùnlì de yǐnjìnle xīn shēngchǎnxiàn.

2 形容詞 "所谓"

「いわゆる…」と説明や解釈すべき語句の前に用いる表現。"所谓的"という言い方もある。

所谓第三产业是指服务业。
Suǒwèi dì sān chǎnyè shì zhǐ fúwùyè.

所谓的丁克族是指夫妻两个人都在工作但不要孩子。
Suǒwèi de dīngkèzú shì zhǐ fūqī liǎng ge rén dōu zài gōngzuò dàn bú yào háizi.

3 接続詞 "万一"

「万が一」、「万一」と可能性が極めて小さい仮定を表す。

万一下雨的话，我们怎么办？
Wànyī xià yǔ de huà, wǒmen zěnme bàn?

万一没有完成计划，总经理会很生气。
Wànyī méiyou wánchéng jìhuà, zǒngjīnglǐ huì hěn shēngqì.

4 "对…来说"

「…にとって」と、人や物事から見てどのような状況かを表す。

对我**来说**，网上购物很浪费时间。
Duì wǒ lái shuō, wǎng shang gòuwù hěn làngfèi shíjiān.

这次交易**对** A 公司**来说**不太重要。
Zhè cì jiāoyì duì A gōngsī lái shuō bú tài zhòngyào.

交易：取り引き

練習問題 9

1 音声を聞いて、中国語を書きとりましょう。いずれも本文中に出てくる語句です。

1)　　　　　　　　　　　2)

3)　　　　　　　　　　　4)

5)　　　　　　　　　　　6)

2 日本語に合うよう、語句を並べ替えて文を作りましょう。

1) 先生がたくさんの宿題を出すので、学生たちは毎日とても忙しい。
〔学生们／布置了／老师／作业／由于／很忙／都／很多／每天／，／。〕

布置 bùzhì：手配する、(宿題を) 出す

2) いわゆる「漢語」とは漢民族の言語です。
〔汉族／语言／的／所谓／是／汉语／指／。〕

汉族 Hànzú：漢民族

3) 万が一明日大雨が降ったら、運動会は中止になる。
〔就／运动会／万一／大雨／明天／下／取消／，／。〕

取消 qǔxiāo：取り消す

4) 引っ越し会社にとって、引っ越しする人は多いのはいいことです。
〔好事／搬家的人／搬家公司／是／对／多／来说／，／。〕

3 1) 2) の中国語を日本語に、3) 4) の日本語を中国語に訳しましょう。

1) 由于生产部门降低了成本，公司增加了利润。

2) 对于制造业来说，降低成本是不可避免的。

不可避免 bù kě bìmiǎn：避けられない

3) 万が一私が遅刻したら、先に行ってください。

遅刻する：迟到 chídào

4) いわゆる SNS とは、ソーシャルサイトのことです。

10 介绍投资方式
Jièshào tóuzī fāngshì

海外投資とは、海外にお金を投じることによって利益につながるような事業を行うこと。現在の中国では"引进来"（外国企業の中国への投資誘致）と"走出去"（中国企業の海外への投資）の二本立ての政策を実施しています。ここでは海外投資に関連する用語や概念を盛り込んでみました。

开拓 海外 市场 的 方法 有 很 多。其中 之 一 就
Kāituò hǎiwài shìchǎng de fāngfǎ yǒu hěn duō. Qízhōng zhī yī jiù

是 企业 并购¹⁾。并购 是 "兼并²⁾ 收购³⁾" 的 简称。"兼并"
shì qǐyè bìnggòu. Bìnggòu shì "jiānbìng shōugòu" de jiǎnchēng. "Jiānbìng"

的 意思 是 两 家 以上 的 公司 合并⁴⁾ 组成⁵⁾ 一 家
de yìsi shì liǎng jiā yǐshàng de gōngsī hébìng zǔchéng yì jiā

企业。"收购" 的 意思 是 由❶ 一 家 企业 花 钱 来
qǐyè. "Shōugòu" de yìsi shì yóu yì jiā qǐyè huā qián lái

购买 另 一 家 企业。因为 "并购" 这个 词 显得⁶⁾ 很
gòumǎi lìng yì jiā qǐyè. Yīnwèi "bìnggòu" zhège cí xiǎnde hěn

专业⁷⁾，所以 很 多 人 以为⁸⁾ 企业 并购 很 难。其实❷，
zhuānyè, suǒyǐ hěn duō rén yǐwéi qǐyè bìnggòu hěn nán. Qíshí,

很 多 咨询 公司⁹⁾ 可以 在 这 一 方面 提供 方便。有
hěn duō zīxún gōngsī kěyǐ zài zhè yī fāngmiàn tígōng fāngbiàn. Yǒu

的❸ 公司 会 为 你 制作 可行性 报告¹⁰⁾，有 的 公司
de gōngsī huì wèi nǐ zhìzuò kěxíngxìng bàogào, yǒu de gōngsī

可以 为 你 进行 尽职 调查¹¹⁾、估算¹²⁾ 企业 价值¹³⁾ 等等。
kěyǐ wèi nǐ jìnxíng jìnzhí diàochá, gūsuàn qǐyè jiàzhí děngděng.

当然， 除了[4] 选择 企业 并购 之 外， 你 还 可以 在
Dāngrán, chúle xuǎnzé qǐyè bìnggòu zhī wài, nǐ hái kěyǐ zài

海外 寻找[14] 合作 伙伴[15]， 共同 设立 合资 公司[16]。 也 可以
hǎiwài xúnzhǎo hézuò huǒbàn, gòngtóng shèlì hézī gōngsī. Yě kěyǐ

在 当地[17] 单独[18] 成立 独资 企业[19]。 所以， 如果 企业 想
zài dāngdì dāndú chénglì dúzī qǐyè. Suǒyǐ, rúguǒ qǐyè xiǎng

打入[20] 海外 市场， 方法 是 一定 会 有 的。
dǎrù hǎiwài shìchǎng, fāngfǎ shì yídìng huì yǒu de.

---

1) 并购：企業の合併、買収、M&A
2) 兼并：合併する
3) 收购：買収する
4) 合并：合併する
5) 组成：構成する、…からなる
6) 显得：～のように見える
7) 专业：専門性の高い、プロの
8) 以为：～だと思う〔事実と合わない思い込みを言うことが多い〕
9) 咨询公司：コンサルティング会社
10) 可行性报告：フィージビリティ・スタディ報告書*
11) 尽职调查：デュー・ディリジェンス調査**
12) 估算：見積もる、推算する
13) 企业价值：企業価値
14) 寻找：探す
15) 合作伙伴：提携パートナー
16) 合资公司：合弁企業
17) 当地：現地
18) 单独：独自で
19) 独资企业：独資企業
20) 打入：攻め込む

* フィージビリティ・スタディ（F/S）は「事業化調査」とも呼ばれ、プロジェクトが実現可能か、採算がとれるかなど、さまざまな面から行う調査のこと。「エフエス」とも言う。
** デュー・ディリジェンス調査とは、企業の合併や買収などで投資対象となる資産の価値、収益力、リスクについて詳細に調査・分析すること。「デューデリ」とも言う。

ポイント 10

1 "由A来B"

「AがBする」、「AによってBする」と動作や行為の担い手や責任者を導く表現。

这次吃饭**由**我**来**付钱。
Zhè cì chī fàn yóu wǒ lái fù qián.

因为我妈妈特别忙，所以**由**我**来**做饭。
Yīnwèi wǒ māma tèbié máng, suǒyǐ yóu wǒ lái zuò fàn.

2 副詞 "其实"

「実際には」、「実のところ」と前述の内容を否定し事実を述べる。

其实有很多中文词语来自日本。
Qíshí yǒu hěn duō Zhōngwén cíyǔ láizì Rìběn.　　　　　　词语：言葉

其实你不需要买电脑，买一部智能手机就行了。
Qíshí nǐ bù xūyào mǎi diànnǎo, mǎi yí bù zhìnéng shǒujī jiù xíng le.

3 "有的A，有的B"

「あるものはA、あるものはB」、「ある人はA、ある人はB」、「人／ものによってAのもあれば、Bのもある」という意味を表す。

有的人喜欢用脸书，**有的**人喜欢用推特。
Yǒu de rén xǐhuan yòng Liǎnshū, yǒu de rén xǐhuan yòng Tuītè.

员工们**有的**来自中国，**有的**来自印尼。
Yuángōngmen yǒu de láizì Zhōngguó, yǒu de láizì Yìnní.

4 "除了…之外"

「…を除いて」、「…以外に」と排除や添加を表す。

除了开发部门**之外**，我们公司还有设计部门。
Chúle kāifā bùmén zhī wài, wǒmen gōngsī hái yǒu shèjì bùmén.　　　设计：設計、デザイン

无人机**除了**可以安全送货**之外**，还可以降低成本。
Wúrénjī chúle kěyǐ ānquán sòng huò zhī wài, hái kěyǐ jiàngdī chéngběn.

練習問題 10

1 音声を聞いて、中国語を書きとりましょう。いずれも本文中に出てくる語句です。

1)　　　　　　　　　　　　2)
3)　　　　　　　　　　　　4)
5)　　　　　　　　　　　　6)

2 日本語に合うよう、語句を並べ替えて文を作りましょう。

1) この問題は各取締役が決定します。
〔各位董事／由／问题／决定／来／这个／。〕

2) 実は中国語は難しくない。ただたくさん聞いてたくさん話せばよいのです。
〔其实／多听多说／不难／只要／就好／中文／，／。〕

3) 学生たちは映画を見に行く人もいれば、遊園地に行く人もいます。
〔去／去／有的／看电影／学生们／游乐园／有的／，／。〕

4) 英語以外にも、学生たちは中国語を勉強しなければならない。
〔还要／汉语／英语／之外／学生们／除了／学习／，／。〕

3 1) 2) の中国語を日本語に、3) 4) の日本語を中国語に訳しましょう。

1) 这个文件由我来填写。

2) 其实填写资料很简单。

3) 独資企業を設立する会社もあれば、合弁会社を設立する会社もある。

4) アメリカ以外に、わが社は中国にも支社があります。

11 经营管理课题
Jīngyíng guǎnlǐ kètí

> 企業の経営にはさまざまな課題がつきものですが、課題そのものが時代によって変遷してきています。ここでは今最も注目を集める経営課題に触れています。どの企業も公式サイトのトップページでこれらの単語を見つけることができますが、企業の方針や企業が取り組もうとしている課題がよくわかるので、気になる企業のページをチェックしてみるのもよいでしょう。

50 欢迎 大家 参加 本 次 企业 管理 进修班[1)]。本 次
Huānyíng dàjiā cānjiā běn cì qǐyè guǎnlǐ jìnxiūbān. Běn cì

进修班 的 举办 目的 不仅仅❶ 是 要 解决 当前[2)] 的 问题。
jìnxiūbān de jǔbàn mùdì bùjǐnjǐn shì yào jiějué dāngqián de wèntí.

我们 更 希望 大家 思考 可持续 发展[3)]。企业 的 可持续
Wǒmen gèng xīwàng dàjiā sīkǎo kěchíxù fāzhǎn. Qǐyè de kěchíxù

发展 涉及[4)] 的 经营 课题 非常 广泛[5)]。包括 怎样[6)] 制定
fāzhǎn shèjí de jīngyíng kètí fēicháng guǎngfàn. Bāokuò zěnyàng zhìdìng

经营 战略[7)];怎样 管理 财务[8)];怎样 计划 市场 营销[9)];
jīngyíng zhànlüè; zěnyàng guǎnlǐ cáiwù; zěnyàng jìhuà shìchǎng yíngxiāo;

怎样 保持 竞争力[10)] 等等。
zěnyàng bǎochí jìngzhēnglì děngděng.

51 目前, 随着 经济 全球化[11)] 的 日益[12)] 进展[13)], 企业 遇到
Mùqián, suízhe jīngjì quánqiúhuà de rìyì jìnzhǎn, qǐyè yùdào

的 问题 也 越 来 越 复杂。连❷ 大 企业 也 要 细心[14)]
de wèntí yě yuè lái yuè fùzá. Lián dà qǐyè yě yào xìxīn

做好 经营 战略。公司 一 方面❸ 需要 提高 盈利[15)] 能力,
zuòhǎo jīngyíng zhànlüè. Gōngsī yì fāngmiàn xūyào tígāo yínglì nénglì,

46

另一 方面 需要 确保 与 利益 相关者[16] 的 良好 关系，
lìngyī fāngmiàn xūyào quèbǎo yǔ lìyì xiāngguānzhě de liánghǎo guānxi,

同时， 企业 还要 承担[17] 社会 责任[18]。
tóngshí, qǐyè hái yào chéngdān shèhuì zérèn.

虽然[4] 本 次 进修 期间 比较 短， 但是 我们 还是
Suīrán běn cì jìnxiū qījiān bǐjiào duǎn, dànshì wǒmen háishi

希望 各位 学员[19] 积极 思考， 相互 交流， 共同 取得 丰硕[20]
xīwàng gèwèi xuéyuán jījí sīkǎo, xiānghù jiāoliú, gòngtóng qǔdé fēngshuò

的 学习 成果。
de xuéxí chéngguǒ.

---

1) 进修班：研修コース
2) 当前：現在、目下
3) 可持续发展：持続可能な発展
4) 涉及：…に関わる
5) 广泛：幅広い
6) 怎样：どのように
7) 战略：戦略
8) 财务：財務
9) 市场营销：マーケティング
10) 竞争力：競争力
11) 全球化：グローバル化
12) 日益：日増しに
13) 进展：進展する
14) 细心：注意深い
15) 盈利：収益、黒字
16) 利益相关者：利害関係者、ステークホルダー
17) 承担：（責任を）負う、担う
18) 社会责任：（企業の）社会的責任、CSR
19) 学员：受講生
20) 丰硕：豊かな

ポイント 11

1 "不仅仅"

「…だけではない」、「…にとどまらない」という意味を表す。"不仅"の形をとることもある。よく"还"とセットで使われ、「…だけでなく〜」という累加を表す。

经营的成功**不仅仅**在于保持盈利。
Jīngyíng de chénggōng bùjǐnjǐn zài yú bǎochí yínglì.

老师要求我们**不仅**要学好汉语，**还**要了解中国文化。
Lǎoshī yāoqiú wǒmen bùjǐn yào xuéhǎo Hànyǔ, hái yào liǎojiě Zhōngguó wénhuà.

2 "连 A 也 B"

「A でさえも B する」、「A でも B する」と極端な例を挙げて強調を表す。

这么简单的问题，**连** 5 岁的小孩**也**能回答。
Zhème jiǎndān de wèntí, lián wǔ suì de xiǎohái yě néng huídá.

你**连**他**也**不知道吗？他很有名呀！
Nǐ lián tā yě bù zhīdào ma? Tā hěn yǒumíng ya!

3 "一方面 A，另一方面 B"

「一方では A、他方では B」と物事の二側面や関連する 2 つの事柄を表す。

并购**一方面**可以开拓市场，**另一方面**可以吸收新的资源。
Bìnggòu yì fāngmiàn kěyǐ kāituò shìchǎng, lìng yì fāngmiàn kěyǐ xīshōu xīn de zīyuán.

咨询公司**一方面**制作报告，**另一方面**进行调查。
Zīxún gōngsī yì fāngmiàn zhìzuò bàogào, lìng yì fāngmiàn jìnxíng diàochá.

4 "虽然 A，但是 B"

「A だけれども B」と逆接を表す。

虽然这电脑很好，**但是**太贵了。
Suīrán zhè diànnǎo hěn hǎo, dànshì tài guì le.

虽然我没有学过汉语，**但是**我觉得我很喜欢这门语言。
Suīrán wǒ méiyou xuéguo Hànyǔ, dànshì wǒ juéde wǒ hěn xǐhuan zhè mén yǔyán.

練習問題 11

1 音声を聞いて、中国語を書きとりましょう。いずれも本文中に出てくる語句です。

1)　　　　　　　　　　　2)
3)　　　　　　　　　　　4)
5)　　　　　　　　　　　6)

2 日本語に合うよう、語句を並べ替えて文を作りましょう。

1) この単語も知らないのですか？
   〔连／这个／不知道／也／吗／你／单词／？〕

2) 会社の販売額減少の原因は人手不足だけにあるのではない。
   〔人手不足／销售额／的原因／不仅仅／公司／在于／减少／。〕

   销售额 xiāoshòu'é：販売額

3) 会社は一方で利益を増やす必要があり、もう一方ではコストを削減する必要がある。
   〔一方面／另一方面／需要／需要／扩大／成本／利润／公司／降低／，／。〕

4) 実際の生産量は高くないが、会社の利益は増えた。
   〔公司的／但是／产量／增加了／盈利／不高／虽然／实际／，／。〕

3 1) 2) の中国語を日本語に、3) 4) の日本語を中国語に訳しましょう。

1) 学生们一方面要准备考试，另一方面要开始进行就职活动。

2) 虽然考试的结果不理想，但是我会继续努力的。

   继续 jìxù：続ける

3) ネットショッピングは便利なだけでなく、とても安い。

4) 従業員たちは忙しすぎて、食事する時間さえもない。

12 环境／再生利用
Huánjìng / Zàishēng lìyòng

> 環境問題は企業にとっても個人にとっても、ますます重要になってきています。ここでは現在の環境問題でよく出てくるフレーズを盛り込み、企業や個人が取り組むべき対策にも触れています。その中にはシェアビジネスなど、日本より中国のほうが対策が進んでいるものもありますね。

55 当今[1]，全球变暖[2]现象一天比一天[3]严重。仅仅靠[4]一两个国家采取措施[5]是没有用的。需要每一个国家携起手[6]来，共同面对[7]。比如说，为了实现低碳[8]甚至❶零排放[9]，每一个国家都可以优先[10]采用太阳能[11]、水力或风力等可再生能源[12]。
Dāngjīn, quánqiú biànnuǎn xiànxiàng yì tiān bǐ yì tiān yánzhòng. Jǐnjǐn kào yì liǎng ge guójiā cǎiqǔ cuòshī shì méiyǒu yòng de. Xūyào měi yí ge guójiā xiéqǐ shǒu lái, gòngtóng miànduì. Bǐrú shuō, wèile shíxiàn dītàn shènzhì líng páifàng, měi yí ge guójiā dōu kěyǐ yōuxiān cǎiyòng tàiyángnéng, shuǐlì huò fēnglì děng kě zàishēng néngyuán.

56 同样，保护环境人人有责[13]。在日常生活中，我们每一个人也可以采取一些环保[14]行动。我们不但❷可以使用混合动力车[15]或电动车[16]，而且可以安装太阳能发电[17]设备。或者❸，我们可以少用
Tóngyàng, bǎohù huánjìng rénrén yǒu zé. Zài rìcháng shēnghuó zhōng, wǒmen měi yí ge rén yě kěyǐ cǎiqǔ yìxiē huánbǎo xíngdòng. Wǒmen búdàn kěyǐ shǐyòng hùnhé dònglìchē huò diàndòngchē, érqiě kěyǐ ānzhuāng tàiyángnéng fādiàn shèbèi. Huòzhě, wǒmen kěyǐ shǎo yòng

一次性 筷子[18]；不 用 塑料袋[19]；做好 垃圾 分类[20]；设定
yícìxìng kuàizi; bú yòng sùliàodài; zuòhǎo lājī fēnlèi; shèdìng

适当[21] 的 空调 温度 等等。虽然 每 一 个 人 的 力量
shìdàng de kōngtiáo wēndù děngděng. Suīrán měi yí ge rén de lìliang

是 有限[22] 的，但是 大家 的 力量 一点点 积累起来[4]，我们
shì yǒuxiàn de, dànshì dàjiā de lìliang yìdiǎndiǎn jīlěiqǐlai, wǒmen

一定 能够[23] 改变 世界。
yídìng nénggòu gǎibiàn shìjiè.

---

1) **当今**：現在
2) **全球变暖**：地球温暖化
3) **一天比一天**：日増しに
4) **靠**：…に頼る
5) **措施**：措置
6) **携手**：手を携える
7) **面对**：直面する
8) **低碳**：低炭素
9) **零排放**：ゼロエミッション〔生産や消費に伴って発生する廃棄物をゼロにすること〕
10) **优先**：優先する
11) **太阳能**：太陽光
12) **可再生能源**：再生可能なエネルギー
13) **人人有责**：全ての人に責任がある
14) **环保**：環境保護、環境にやさしい
15) **混合动力车**：ハイブリッド車
16) **电动车**：電気自動車
17) **太阳能发电**：太陽光発電
18) **一次性筷子**：使い捨ての箸
19) **塑料袋**：ビニール袋
20) **垃圾分类**：ゴミ分別
21) **适当**：適切な
22) **有限**：限りがある
23) **能够**：…できる

ポイント 12

1 接続詞 "甚至"

「…さえ」、「…すら」、「ひいては…」と強調を表す。

这个汉字太难了，**甚至**老师也不会写。
Zhège hànzì tài nán le, shènzhì lǎoshī yě bú huì xiě.

我特别喜欢吃饺子，一次可以吃 30 个**甚至** 40 个。
Wǒ tèbié xǐhuan chī jiǎozi, yí cì kěyǐ chī sānshí ge shènzhì sìshí ge.

2 "不但 A，而且 B"

「A だけでなく B も…」と累加を表す。

工厂**不但**大，**而且**干净。
Gōngchǎng búdàn dà, érqiě gānjìng.

最新款电脑**不但**提高了功能，**而且**寿命更长。
Zuì xīn kuǎn diànnǎo búdàn tígāole gōngnéng, érqiě shòumìng gèng cháng.

3 接続詞 "或者"

「あるいは」、「それとも」と同格または選択を表す。

你来我家，**或者**我去你家。
Nǐ lái wǒ jiā, huòzhě wǒ qù nǐ jiā.

你中午吃什么？——我吃炒饭**或者**拉面。
Nǐ zhōngwǔ chī shénme？——Wǒ chī chǎofàn huòzhě lāmiàn.

4 方向補語 "起来"

方向補語には抽象的な意味を表す派生用法があり、"起来"は動作の収束（集中、まとまる）を表す。また、「…しはじめる」と動作や状態が始まることを表すことも多い。

清扫车间前，请把工具收**起来**。
Qīngsǎo chējiān qián, qǐng bǎ gōngjù shōuqǐlai.

新生产线开始运转了，同事们都笑**起来**了。
Xīn shēngchǎnxiàn kāishǐ yùnzhuǎn le, tóngshìmen dōu xiàoqǐlai le.

練習問題 12

1 音声を聞いて、中国語を書きとりましょう。いずれも本文中に出てくる語句です。

1)　　　　　　　　　　　2)

3)　　　　　　　　　　　4)

5)　　　　　　　　　　　6)

2 日本語に合うよう、語句を並べ替えて文を作りましょう。

1) 私は銀行またはメーカーに就職したい。
   〔就职／想／在／银行／我／或者／厂家／。〕
   　　　　　　　　　　　　　　　　　　　　　厂家 chǎngjiā：メーカー

2) ペンと紙を片付けてください。
   〔把／收起来／纸／笔／请／和／。〕

3) ビニール袋をあまり使わないか、もしくは全く使わないようにすることができる。
   〔少用／不用／塑料袋／你／甚至／可以／。〕

4) 弟はふだん忙しいだけでなく、週末には学習塾にも行かなければならない。
   〔很忙／补习班／周末／平时／还要／我弟弟／不但／而且／去／，／。〕
   　　　　　　　　　　　　　　　　　　　　　补习班 bǔxíbān：学習塾

3 1) 2) の中国語を日本語に、3) 4) の日本語を中国語に訳しましょう。

1) 他为了多赚钱，甚至周末都不休息。
   　　　　　　　　　　　　　　　　　赚钱 zhuàn qián：お金を稼ぐ

2) 研究部门的技术人员不但要引进新设备，而且要进行试运转。

3) スマートフォンか、あるいはパソコンを買いたいです。

4) 会社の業績はよくなりはじめました。

13　签订劳动合同
Qiāndìng láodòng hétong

> ここでは契約書の基本的なものを取り上げてみました。たしかに難しいですが、使われる用語が決まっているので、慣れればそれほど難しいわけでもありません。契約書を読む上で重要なことは一字一句正確に意味を理解すること。そして契約書ならではの表現に慣れておくことです。

【59】
上海　JK贸易　有限　公司[1]（以下　简称[2]　"甲方[3]"）　与　李
Shànghǎi JK màoyì yǒuxiàn gōngsī (yǐxià jiǎnchēng "jiǎfāng") yǔ Lǐ

明（以下　简称　"乙方[4]"）　签订[5]　劳动　合同[6]。双方　根据
Míng (yǐxià jiǎnchēng "yǐfāng") qiāndìng láodòng hétong. Shuāngfāng gēnjù

《中华　人民　共和国　劳动法[7]》和　上海　市　相关　条例[8]　的
"Zhōnghuá rénmín gònghéguó láodòngfǎ" hé Shànghǎi shì xiāngguān tiáolì de

规定，在　平等[9]　自愿[10]、协商[11]　一致　的　基础[12]　上，签订
guīdìng, zài píngděng zìyuàn, xiéshāng yízhì de jīchǔ shang, qiāndìng

本　合同。甲乙　双方　必须❶　共同　遵守[13]　本　合同。
běn hétong. Jiǎyǐ shuāngfāng bìxū gòngtóng zūnshǒu běn hétong.

【60】一．双方　的　责任　和　义务[14]：
Yī. Shuāngfāng de zérèn hé yìwù:

甲方　应当❷　根据　国家　的　法律　法规[15]，为　乙方　提供
Jiǎfāng yīngdāng gēnjù guójiā de fǎlǜ fǎguī, wèi yǐfāng tígōng

良好　的　劳动　环境　和　工作　条件。
liánghǎo de láodòng huánjìng hé gōngzuò tiáojiàn.

乙方　应当　按照❸　甲方　的　工作　要求，掌握[16]　本　岗位[17]
Yǐfāng yīngdāng ànzhào jiǎfāng de gōngzuò yāoqiú, zhǎngwò běn gǎngwèi

的 工作 技能， 并 完成 工作 任务。
de gōngzuò jìnéng, bìng wánchéng gōngzuò rènwù.

二． 合同 期限：
Èr. Hétong qīxiàn:

　　劳动 合同 有效期[18] 为 2 年， 自 2019 年 1月 1 日
Láodòng hétong yǒuxiàoqī wéi liǎng nián, zì èr líng yī jiǔ nián yīyuè yī rì

至 2021 年 12月 31 日。 本 合同 期满[19] 前 一 个 月，
zhì èr líng èr yī nián shí'èryuè sānshíyī rì. Běn hétong qīmǎn qián yí ge yuè,

双方 就❹ 本 合同 的 延长 或 终止[20] 等 事宜[21] 进行
shuāngfāng jiù běn hétong de yáncháng huò zhōngzhǐ děng shìyí jìnxíng

协商。
xiéshāng.

1) **有限公司**：有限公司〔日本の株式会社に当たる〕
2) **简称**：略す、略称（する）
3) **甲方**：甲
4) **乙方**：乙
5) **签订**：締結する、署名する
6) **合同**：契約書
7) **劳动法**：労働法
8) **条例**：条例
9) **平等**：平等な
10) **自愿**：自分の意思で
11) **协商**：協議する、話し合う
12) **基础**：基礎
13) **遵守**：…を順守する
14) **义务**：義務
15) **法规**：法規
16) **掌握**：把握する、マスターする
17) **岗位**：持ち場
18) **有效期**：有効期限
19) **期满**：満期、期限終了
20) **终止**：終止する
21) **事宜**：事柄

ポイント 13

1 副詞 "必须"

「…しなければならない」と強い義務を表す。

你**必须**把功课做完，才可以去玩儿。
Nǐ bìxū bǎ gōngkè zuòwán, cái kěyǐ qù wánr.

我今天**必须**写完月末报告。
Wǒ jīntiān bìxū xiěwán yuèmò bàogào.

2 助動詞 "应当"

「…すべきである」「…するものとする」と義務、必要を表す。"应"と略すことも多い。

乙方**应当**于每月向甲方支付咨询费。　　　　　　咨询费：コンサルティング費用
Yǐfāng yīngdāng yú měi yuè xiàng jiǎfāng zhīfù zīxúnfèi.

甲乙双方**应当**以友好协商的原则解决问题。
Jiǎyǐ shuāngfāng yīngdāng yǐ yǒuhǎo xiéshāng de yuánzé jiějué wèntí.

3 前置詞 "按照"

「…で」、「…に基づいて」と準拠を表す。

工作人员**按照**使用说明书进行操作。
Gōngzuò rényuán ànzhào shǐyòng shuōmíngshū jìnxíng cāozuò.

按照公司的要求，员工必须完成工作任务。
Ànzhào gōngsī de yāoqiú, yuángōng bìxū wánchéng gōngzuò rènwù.

4 前置詞 "就"

「…について」、「…に基づいて」と動作の対象や範囲を表す。

就这一点，我觉得非常好。
Jiù zhè yì diǎn, wǒ juéde fēicháng hǎo.

我希望大家**就**今天的课题积极讨论。
Wǒ xīwàng dàjiā jiù jīntiān de kètí jījí tǎolùn.

練習問題 13

1 音声を聞いて、中国語を書きとりましょう。いずれも本文中に出てくる語句です。

1)　　　　　　　　　　　2)
3)　　　　　　　　　　　4)
5)　　　　　　　　　　　6)

2 日本語に合うよう、語句を並べ替えて文を作りましょう。

1) 甲は乙のために必要な道具を用意するものとする。
〔応当／工具／甲方／乙方／准备／为／需要的／。〕

2) 甲乙双方は平等の原則に基づいて契約を締結しました。
〔签订了／甲乙双方／合同／原则／公平的／按照／。〕

公平 gōngpíng：公平な、平等な

3) 会社は従業員のために安全な職場環境を提供しなければならない。
〔工作环境／提供／员工／公司／为／必须／安全的／。〕

4) 社長は従業員たちが職場環境について意見を述べるよう希望しています。
〔希望／意见／员工们／总经理／就／提出／工作环境／。〕

3 1) 2) の中国語を日本語に、3) 4) の日本語を中国語に訳しましょう。

1) 全体员工应当同心协力，扩大销售额。

2) 工作人员必须戴好安全帽。

戴 dài：（帽子を）かぶる
安全帽 ānquánmào：ヘルメット

3) 先生が説明した方法に基づいて、みんなが練習しはじめました。

4) この問題について、専門家は説明をしました。

14 售后服务方针
Shòuhòu fúwù fāngzhēn

> アフターサービスは、特にサービス業に見られる購入したのちのサービスのことです。近年はネットショッピングの増加に伴い、商品を購入した感想をレビューとしてSNSに書き込む消費者が増え、そのレビューを見た顧客がその商品を購入していくという構図ができあがっているため、アフターサービスの重要性が増しています。

(64) QQ购物网[1] 为了 满足[2] 广大 客户 的 要求，提供 以下 售后 服务[3]。

(65) 从 购买 商品 起算[4] 7 天 以内，您 可以 无 理由[5] 退货[6]。从 购买 商品 起算 15 天 以内，您 可以 换货[7]。但 必须 是 因为 商品 出现 质量[8] 问题。至于❶ 维修[9]，从 您 购买 商品 起算 1 年 以内，几乎❷ 所有 的 商品 都 可以 免费 进行 保修[10]。但 必须 是 非 人为[11] 原因 的 损坏[12]。

(66) 如果 您 需要 这 方面 的 服务，请 您 登录[13] QQ网，

点击¹⁴⁾"我 的 订单¹⁵⁾"。在"我 的 订单"里，请 您 填写
diǎnjī "wǒ de dìngdān". Zài "wǒ de dìngdān" li, qǐng nín tiánxiě

需要 退 货 或 换 货 的 商品，并且 描述¹⁶⁾ 质量 问题。
xūyào tuì huò huò huàn huò de shāngpǐn, bìngqiě miáoshù zhìliàng wèntí.

请 您 先❸ 点击 "申请 售 服"，然后 提交¹⁷⁾ 申请表。我们
Qǐng nín xiān diǎnjī "shēnqǐng shòu fú", ránhòu tíjiāo shēnqǐngbiǎo. Wǒmen

将 为 您 迅速¹⁸⁾ 办理 相关 手续。
jiāng wèi nín xùnsù bànlǐ xiāngguān shǒuxù.

如果 您 有 什么 疑问¹⁹⁾，不妨❹ 咨询 在线 客服²⁰⁾。
Rúguǒ nín yǒu shénme yíwèn, bùfáng zīxún zàixiàn kèfú

---

1) 购物网：ショッピングサイト
2) 满足：満たす、満足させる
3) 售后服务（售服）：アフターサービス
4) 起算：起算する
5) 无理由：理由なしに
6) 退货：返品する
7) 换货：商品を交換する
8) 质量：品質
9) 维修：メンテナンスをする、補修する
10) 保修：修理の保証をする
11) 非人为：非人為的な
12) 损坏：損害、破損
13) 登录：登録する
14) 点击：クリックする
15) 订单：注文書
16) 描述：記述する、描写する
17) 提交：提出する
18) 迅速：すばやく、すぐに
19) 疑问：疑問、質問
20) 客服：カスタマーサービス

ポイント 14

1 前置詞 "至于"

「…については」「…に至っては」と話題の転換を表す。

我们提供保修，至于手续，请咨询客服。
Wǒmen tígōng bǎoxiū, zhìyú shǒuxù, qǐng zīxún kèfú.

公司要降低成本。至于怎样降低，有很多方法。
Gōngsī yào jiàngdī chéngběn. Zhìyú zěnyàng jiàngdī, yǒu hěn duō fāngfǎ.

2 副詞 "几乎"

「ほとんど」と数量や状況が非常に接近していることを表す。

我们和合作伙伴的意见几乎是一致的。
Wǒmen hé hézuò huǒbàn de yìjian jīhū shì yízhì de.

他特别喜欢打篮球，几乎每天都打。
Tā tèbié xǐhuan dǎ lánqiú, jīhū měitiān dōu dǎ.

3 "先 A，然后 B"

「先に A して、その後 B する」、「A をしてから B する」と連続する動作を表す。

请您先取号，然后去窗口。
Qǐng nín xiān qǔhào, ránhòu qù chuāngkǒu.

总经理先提出计划，然后董事会进行审议。
Zǒngjīnglǐ xiān tíchū jìhuà, ránhòu dǒngshìhuì jìnxíng shěnyì.

4 副詞 "不妨"

「…してみたら」、「…してもかまわない」という意味を表す。

他可能知道，你不妨问问他。
Tā kěnéng zhīdao, nǐ bùfáng wènwen tā.

无人机的使用范围很广，你不妨在网上查一查。
Wúrénjī de shǐyòng fànwéi hěn guǎng, nǐ bùfáng zài wǎng shang cháyichá.

練習問題 14

1 音声を聞いて、中国語を書きとりましょう。いずれも本文中に出てくる語句です。

1)　　　　　　　　　　　2)

3)　　　　　　　　　　　4)

5)　　　　　　　　　　　6)

2 日本語に合うよう、語句を並べ替えて文を作りましょう。

1) 私は料理を作るのが好きで、味についてはまあまあです。
〔 喜欢 / 还可以 / 我 / 味道 / 做菜 / 至于 ／ , ／ , ／ 。〕　　还可以 hái kěyǐ：まあまあだ

2) 私は手を洗ってから、ご飯を食べる。
〔 洗手 / 然后 / 饭 / 先 / 我 / 吃 ／ , ／ 。〕

3) ほとんどすべての観客が立ち上がりました。
〔 观众 / 了 / 所有的 / 都 / 站起来 / 几乎 ／ 。〕　　观众 guānzhòng：観衆

4) 企業のM&Aをしたいなら、コンサルティング会社に相談してみてはどうですか。
〔 不妨 / 你 / 咨询公司 / 企业 / 并购 / 要 / 问问 / 进行 ／ , ／ 。〕

3 1) 2) の中国語を日本語に、3) 4) の日本語を中国語に訳しましょう。

1) 努力的过程非常重要。至于结果，你不用太在意。　　过程 guòchéng：過程
　　　　　　　　　　　　　　　　　　　　　　　　　在意 zàiyì：気にする

2) 这件衣服很好看，你不妨试穿一下吧。

3) 私たちは先に京都に行って、その後大阪に行く。

4) 私の学習方法は彼のとほぼ同じだ。

15 会计和财务
Kuàijì hé cáiwù

> 会社は商品やサービスを提供し、利益を上げて、会社を存続させることを目的としています。そのため、貸借対照表と損益計算書などの財務諸表の意味を知っておくことはどんな業界にいても必要です。さらに簿記検定を取得すれば、基本的なお金の流れが分かるようになります。

🎧70 会计[1] 部门 和 财务 部门 听起来 很 像, 恐怕❶ 有 很
Kuàijì bùmén hé cáiwù bùmén tīngqǐlai hěn xiàng, kǒngpà yǒu hěn

多 人 都 不 太 清楚 它们 的 区别[2]。但 实际 上 这
duō rén dōu bú tài qīngchu tāmen de qūbié. Dàn shíjì shang zhè

两 个 部门 是 不 一样 的。我 在 这里 解释 一下
liǎng ge bùmén shì bù yíyàng de. Wǒ zài zhèli jiěshì yíxià

两者[3] 的 区别。
liǎngzhě de qūbié.

🎧71 会计 部门 主要[4] 负责[5] 编制[6] 公司 内部 的 各 项
Kuàijì bùmén zhǔyào fùzé biānzhì gōngsī nèibù de gè xiàng

账簿[7], 并且 需要 及时 记账[8]。公司 内 所有 资金 的
zhàngbù, bìngqiě xūyào jíshí jìzhàng. Gōngsī nèi suǒyǒu zījīn de

支出 和 收入 都 需要 通过 会计 部门 加进 账簿 里。
zhīchū hé shōurù dōu xūyào tōngguò kuàijì bùmén jiājìn zhàngbù li.

另外, 会计 部门 还 负责 编制 损益表[9]、资产 负债表[10]
Lìngwài, kuàijì bùmén hái fùzé biānzhì sǔnyìbiǎo, zīchǎn fùzhàibiǎo

以及 现金 流量表[11] 等 财务 报表[12]。
yǐjí xiànjīn liúliàngbiǎo děng cáiwù bàobiǎo.

🎧72 与 会计 部门 不 同, 财务 部门 不 是❷ 仅仅[13] 把握
Yǔ kuàijì bùmén bù tóng, cáiwù bùmén bú shì jǐnjǐn bǎwò

公司 的 收支, 而 是 要 考虑到 公司 全体 的 平衡[14]。
gōngsī de shōuzhī, ér shì yào kǎolǜdào gōngsī quántǐ de pínghéng.

他们 负责 的 是 与 银行、证券 公司 之 间 的 业务
Tāmen fùzé de shì yǔ yínháng, zhèngquàn gōngsī zhī jiān de yèwù

往来[15]。他们 要 ③ 针对 ④ 不 同 的 交易 使用 不 同 的
wǎnglái. Tāmen yào zhēnduì bù tóng de jiāoyì shǐyòng bù tóng de

货币[16] 结账[17]。还 要 对 各 项 银行 贷款 进行 管理。
huòbì jiézhàng. Hái yào duì gè xiàng yínháng dàikuǎn jìnxíng guǎnlǐ.

另外,财务 部门 要 管理 投资 项目[18]、外汇[19] 预约[20] 和
Lìngwài, cáiwù bùmén yào guǎnlǐ tóuzī xiàngmù、wàihuì yùyuē hé

外汇 兑换[21] 等 业务。
wàihuì duìhuàn děng yèwù.

---

1) **会计**：経理
2) **区别**：区別、違い
3) **两者**：両者
4) **主要**：主として、主に
5) **负责**：～の責任を負う、～を担当する
6) **编制**：作成する
7) **账簿**：帳簿
8) **记账**：記帳する
9) **损益表**：損益計算書（P/L）
10) **资产负债表**：貸借対照表（B/S）
11) **现金流量表**：キャッシュフロー表〔一定期間の現金収支を一覧にしたもの〕
12) **财务报表**：財務諸表
13) **仅仅**：ただ～だけ
14) **平衡**：バランス
15) **往来**：取り引き、つき合い
16) **货币**：通貨
17) **结账**：決済する
18) **投资项目**：投資プロジェクト
19) **外汇**：外貨為替（外為（がいため）とも言う）
20) **外汇预约**：為替予約をする
21) **兑换**：両替する

ポイント 15

1 副詞 "恐怕"

「おそらく」、「たぶん」という語気を表す。

今天**恐怕**不会下雨，你可以把衣服晒在外面。
Jīntiān kǒngpà bú huì xià yǔ, nǐ kěyǐ bǎ yīfu shàizài wàimian.

晒衣服：洗濯物を干す

电车还没有来，我们**恐怕**要迟到了。
Diànchē hái méiyou lái, wǒmen kǒngpà yào chídào le.

2 "不是 A，而是 B"

「A ではなくて B だ」と対照を表す。

他**不是**中国人，**而是**日本人。
Tā bú shì Zhōngguórén, ér shì Rìběnrén.

我公司投资的方式**不是**企业并购，**而是**设立合资公司。
Wǒ gōngsī tóuzī de fāngshì bú shì qǐyè bìnggòu, ér shì shèlì hézī gōngsī.

3 "要 A，还要 B"

「A しなければならないし、B もしなければならない」と累加を表す。

我**要**去免税店，**还要**去看一看化妆品专卖店。
Wǒ yào qù miǎnshuìdiàn, hái yào qù kànyikàn huàzhuāngpǐn zhuānmàidiàn.

专卖店：専門店

财务部门**要**管理贷款，**还要**管理投资。
Cáiwù bùmén yào guǎnlǐ dàikuǎn, hái yào guǎnlǐ tóuzī.

4 動詞 "针对"

「…に対して〜する」、「…に合わせて〜する」と人や物事、行為の対象を表す。

老师**针对**学生的弱点，制作了教材。
Lǎoshī zhēnduì xuésheng de ruòdiǎn, zhìzuòle jiàocái.

这个合同不是**针对**员工制作的。
Zhège hétong bú shì zhēnduì yuángōng zhìzuò de.

練習問題 15

1 音声を聞いて、中国語を書きとりましょう。いずれも本文中に出てくる語句です。

1)　　　　　　　　　　　2)

3)　　　　　　　　　　　4)

5)　　　　　　　　　　　6)

2 日本語に合うよう、語句を並べ替えて文を作りましょう。

1) すでに10時だ。彼はおそらく来ないだろう。
〔 了／恐怕／已经／不／10点了／来／他／，／。〕

2) 私の目的は日本語を学習することでなく、アニメや漫画を学習することです。
〔 学习／学习／我／目的／不是／而是／日语／动漫／的／，／。〕

动漫 dòngmàn：アニメや漫画

3) 営業マンは各地域の特徴に合わせて販売活動を行います。
〔 销售／推销员／进行／特点／活动／针对／各个地区的／。〕

推销员 tuīxiāoyuán：営業マン

4) 経営者は経営方針を決める必要があり、来年度の予算も確定させる必要があります。
〔 预算／经营方针／经营者／要／还要／制定／确定／明年的／，／。〕

预算 yùsuàn：予算

3 1) 2) の中国語を日本語に、3) 4) の日本語を中国語に訳しましょう。

1) 如果不好好准备，恐怕会发生问题。

2) 明天我要上课，还要办理搬家手续。

3) 契約締結の問題に対して、今から討論を始めます。

4) 私と一緒にショッピングに行ったのは姉ではなく、母でした。

著者略歴
大羽りん（おおば りん）
慶應義塾大学文学部卒業。ニチメン株式会社（現双日）中国部・国際金融部勤務を経たのち、日中技術交流サービス（中国語専門翻訳会社）、三井物産にて中国語翻訳・通訳に従事。2005年、翻訳・通訳、中国語研修を専門とする株式会社シー・コミュニケーションズを設立。現在、拓殖大学、神奈川大学、日本外国語専門学校でビジネス中国語、日中翻訳・通訳の講師を務める。
主要著書：『マンガで学ぶやさしい中国語入門』（学研教育出版）、『中検4級レベルから勝負する！ビジネス中国語』（アルク）

趙青（ちょう せい）
南京大学日本語科卒業。中国・日本の双方で大手日系企業や工場の社長秘書および翻訳・通訳に従事。現在はフリーランスの翻訳・通訳者として活躍するほか、株式会社シー・コミュニケーションズ、秀林外国語専門学校にて中国語通訳・翻訳の講師を務める。

商経学部生のための読む中国語（CD付）

2019年 2月10日　第1刷発行
2023年 3月20日　第5刷発行

著者© 　大　羽　　り　ん
　　　　趙　　　　　　青
発行者　岩　堀　雅　己
印刷所　倉敷印刷株式会社

発行所　101-0052東京都千代田区神田小川町3の24
　　　　電話 03-3291-7811(営業部),7821(編集部)
　　　　www.hakusuisha.co.jp
　　　　　　　　　　　　株式会社 白水社
　　　　乱丁・落丁本は、送料小社負担にてお取り替えいたします。

振替 00190-5-33228　　　　　　　　誠製本株式会社
ISBN978-4-560-06940-0
Printed in Japan

▷本書のスキャン、デジタル化等の無断複製は著作権法上での例外を除き禁じられています。本書を代行業者等の第三者に依頼してスキャンやデジタル化することはたとえ個人や家庭内での利用であっても著作権法上認められていません。

初級から中級へ！
中国語の類義語攻略ドリル　柴森 著

日本語から中国語に訳すとき，どれを使うか迷ってしまう類義語．
間違いやすい表現をピックアップし，使い分けをばっちりマスター！
　　　　　A5判　206頁　定価2420円（本体2200円）

中級中国語　読みとく文法　三宅登之 著

一通り学んだのに今ひとつ全体像がつかめない，という人にぴった
りの読む文法書．わかりにくい文法現象を解説しながら，中国語の
考え方を読みときます．一歩上を目指すあなたに！
　　　　　A5判　200頁　定価2530円（本体2300円）

日本語から考える！中国語の表現
永倉百合子・山田敏弘 著
　　四六判　165頁　定価2090円（本体1900円）

「おいしそう！」は中国語で何て言う？
2つのことばの発想の違いを知ることで，
中国語らしい表現が身につく一冊．

30語で中国語の語感を身につける！
永倉百合子 著
　四六判　199頁　定価2200円（本体2000円）

"是""就""着"のように用法が多く，捉えに
くい30語の働きを解説．語感をつかめば
中国語がスッキリわかるようになります．

中国語実習コース（新装版）
張乃方 著　　　　　　　　　【CD2枚付】
　A5判　212頁　定価3080円（本体2800円）

日本での身近な話題を通して，自分の意思
を話せるようになる語学力が養える中級学
習書．全20課．各課は主文・会話・参考文・
自由会話で構成．中国語力アップは確実！

中国語検定対策3級問題集［三訂版］
伊藤祥雄 編著　　　　　　　【CD2枚付】
　A5判　205頁　定価2530円（本体2300円）

過去問を分析し，狙われやすいポイントを
解説．文法項目ごとに要点を整理，練習問題
で実戦力を養成．模擬試験・単語リスト付．

中国語検定対策2級問題集［改訂版］
伊藤祥雄 編著　　　　　　　【CD2枚付】
　A5判　183頁　定価2640円（本体2400円）

過去問を分析し，狙われやすいポイントを
解説．覚えるべきことを整理，練習問題で
実戦力を養成．模擬試験・慣用句リスト付．

中検3級・2級をめざす　読んで覚える中国語単語
丸尾 誠・盧建 著　　　　　【MP3 CD-ROM付】
　四六判　221頁　定価2420円（本体2200円）

文章を読み，厳選された約1200の語句を
文脈のなかで効率よく身につけます．重要
語句には用例・解説付．

中国語成語ハンドブック［新装版］
◎成語1200＋近義・反義語2000
沈 国威・紅粉芳惠・関西大学中国語教材研究会 編

調べるにも覚えるにも便利な，学習者のための成語ガイド．中国人
がよく使う成語1200＋近義・反義語2000あまりを収録．
　　　　　四六判　455頁　定価4620円（本体4200円）

声に出して読む中国語の名句
西川芳樹 著　　　　　　　　　　【CD付】
　四六判　164頁　定価2530円（本体2300円）

中国人が文章やスピーチに好んで引用する古
典の名句．厳選70フレーズの出典や由来，
実際の用例を紹介．著名人の言葉も多数．

重版にあたり価格が変更になることがありますので，ご了承ください．

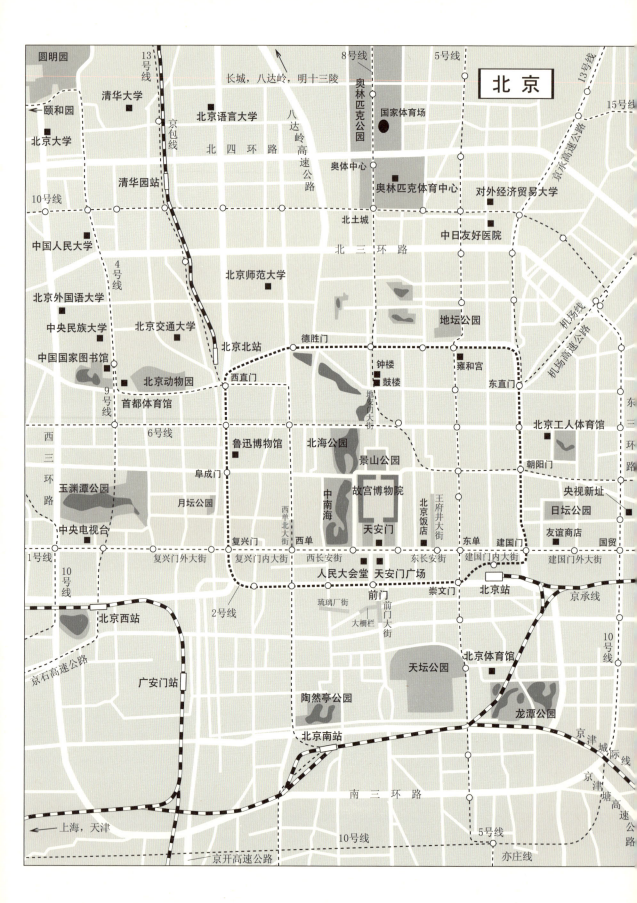

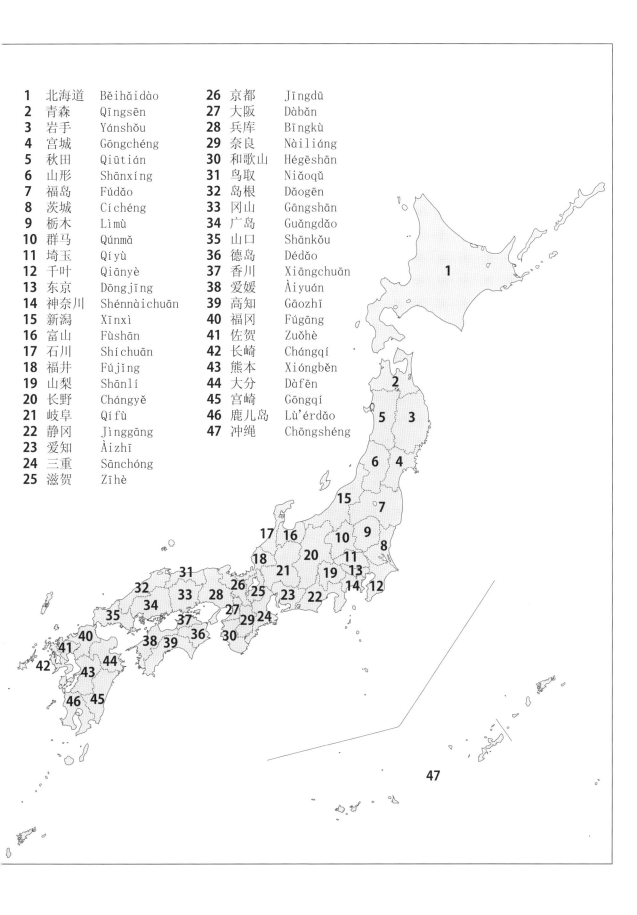